© 2021, Ginas Texträtsel
Herstellung und Verlag:
BoD – Books on Demand, Norderstedt
ISBN: 9783734799150

Ginas Texträtsel

Manche sind stimmig, manche sind knifflig,
manche sind witzig, manche sind listig.

Manche sind mittel, manche sind schwer,
und dennoch will man immer mehr.

Inhaltsverzeichnis

3 Lösungen

Liebe Rätselfreunde!

Freut euch auf 50 neue und anspruchsvolle Texträtsel.

Vor gar nicht allzu langer Zeit waren mir diese Art Rätsel noch sehr fremd.

Bis ich eines Tages eines lösen sollte und es mich nicht mehr los ließ, bis ich die richtige Lösung hatte.

Dies brachte mich dazu, eigene Rätsel zu entwerfen, sodass ich auch euch die Freude am Rätseln nicht vorenthalten möchte.

Ihr werdet merken, dass hier die Lösungen am Ende frei erfunden sind und manchmal gar keinen Sinn ergeben.

Dennoch sind zur Findung der Lösung jede Menge logisches Denken und ein Haufen Schmierpapier gefragt.

Alle Rätsel wurden, abgesehen von mir, noch mindestens einmal gerätselt um Fehler zu finden und zu korrigieren.

Jedoch ist es nach mehrmaliger Korrektur und häufigem Ab- und Umschreiben möglich, etwas übersehen zu haben.

Bei Fragen, Kritiken oder anderen Anmerkungen jeder Art könnt ihr mir eine Email schreiben, welche ich in Kürze beantworten werde.

ginastextraetsel@freenet.de

Nun wünsche ich euch eine angenehme Rätselzeit!

Übrigens! Pascal hat die Cola bestellt :)

1.

1.1 Drucker

Es stehen fünf Drucker nebeneinander. Jeder Drucker hat eine andere Farbe und einen anderen Bediener. Jeder Bediener hat eine unterschiedliche Anzahl an Blättern gedruckt. Der Ausdruck ist bei jedem Bediener ein anderer.

Ein Drucker hat Rezepte gedruckt. Welche Farbe hat der Drucker, der davor steht?

1. Die beiden Frauen stehen nebeneinander. Beide haben männliche Nachbarn.
2. Roland hat am grauen Drucker zwei Blätter ausgedruckt, vier Drucker entfernt wurden fünf Blätter gedruckt.
3. Die Kurzgeschichte hat die meisten Blätter. Am Drucker davor wurden sieben Blätter mit einer Bauanleitung gedruckt.
4. Yvonne stand am zweiten Drucker. Dieser war rot.
5. Auf vier Blättern wurden die Witze gedruckt, auf zwei Blättern eine Tabelle.
6. Meike stand neben Tim. Sie war weder am blauen, noch am schwarzen Drucker.
7. Zwischen dem weißen und dem blauen Drucker wurden acht Blätter gedruckt.
8. Sven hat weder die Tabelle, noch die Kurzgeschichte gedruckt.
9. Der Drucker mit den fünf Blättern hat nur einen Nachbarn.

1.2 Bäume

Im Wald stehen fünf Bäume unterschiedlicher Art nebeneinander. Jeder Baum hat einen anderen Umfang und ein anderes Vogelhaus, welches jeweils eine andere Farbe besitzt. Außerdem hat jeder Baum eine andere Gravur.

Ein Vogelhaus ist blau. Welchen Umfang hat der Baum links daneben?

1. A&B haben sich in den Ahorn eingraviert. Daneben steht eine Kastanie und danach haben sich C&D verewigt.

2. Ein Baum hat 112 cm Umfang. Rechts daneben steht der Ahorn.

3. E&F sind von G&H am Weitesten entfernt. Beide haben sich nicht an der Eiche eingraviert.

4. Ein Vogelhaus ist gelb, das danach ist rot.

5. Die Birke steht nicht neben dem Baum mit dem orangenen Vogelhaus.

6. Der zweite Baum hat 208 cm Umfang. Die Eiche hat 187 cm Umfang.

7. I&J haben sich in den Baum mit 152 cm Umfang verewigt. Das Vogelhaus an diesem Baum ist grün.

8. C&D haben sich am vorletzten Baum mit dem orangenen Vogelhaus eingraviert.

9. Der letzte Baum ist mit 134 cm Umfang nur 22 cm größer als der erste Baum.

10. Die Buche hat nur einen Nachbarn.

1.3 Bücher

Der Autor Richard von Hovlenburg hat zwischen 2007 und 2010 jährlich jeweils ein Buch geschrieben und veröffentlicht. Alle Bücher sind von unterschiedlicher Art, haben jeweils eine andere Größe und eine unterschiedliche Anzahl an Seiten. Außerdem hat jedes Buch einen anderen Einband.

In welcher Größe und in welchem Jahr erschien das Ringbuch?

1. Im Jahr 2008 veröffentlichte er ein Kochbuch in der Größe 21x15 cm und 77 Seiten.

2. Ein Buch hat einen Hardcovereinband ohne Schutzumschlag. Das Buch davor ist 12x19 cm groß.

3. Weder das Buch mit 222 Seiten, noch das Buch in Paperback sind 21x15 cm groß.

4. Der Roman hat 444 Seiten. Zwei Jahre zuvor ist ein Buch in 21x21 cm Größe erschienen.

5. Das Rätselbuch hat 55 Seiten. Es ist nicht im Ringbucheinband.

6. Richard von Hovlenburg schrieb auch ein Lexikon.

7. Nach dem Buch in Hardcover mit Schutzumschlag veröffentlichte er eins, welches 19x27 cm misst.

1.4 Preisvergleiche

Drei Familien wohnen in einem Mehrfamilienhaus. Nacheinander vergleichen sie, was sie rund um die Wohnung monatlich für Ausgaben haben. Im Vergleich stehen die Höhe der Miete, die Höhe der Wasser-/Abwasserkosten und die Höhe der Stromkosten.

Wer hat monatlich die wenigsten Ausgaben?

1. Familie Wolf bezahlt monatlich 458 Euro Miete und für den Strom 38 Euro.
2. Die Wasser-/Abwasserkosten für die erste Familie liegen bei 64 Euro. Die Familie danach zahlt 467 Euro Miete.
3. Die Personen mit 63 Euro Wasser-/Abwasserkosten, heißen mit Nachnamen Fuchs.
4. Jemand zahlt 36 Euro monatlich für den Stromverbrauch.
5. Eine Familie zahlt monatlich 37 Euro für den Strom, eine andere Familie zahlt monatlich 449 Euro Miete.
6. Die 62 Euro für das Wasser-/Abwasser sind nicht von Familie Vogel.

1.5 Lokales

Im Lokalteil der Tageszeitung wurden vier Berichte von vier verschiedenen Journalisten verfasst. Das Thema, sowie die jeweilige Schriftart sind zu erkennen. Außerdem gibt es in jedem Bericht ein Wort, welches am häufigsten geschrieben wurde.

In einem Artikel wurde „*der*" am häufigsten geschrieben.

Welche Schriftart hat der Artikel davor?

1. Zwischen der Eröffnung des Theaters und der Schließung des Theaters schrieb Gunnar seinen Bericht.

2. Hertha wählte weder **Arial**, noch Georgia als Schriftstil.

3. „*Die*" ist das am häufigsten verwendete Wort in Volkers Bericht zur Eröffnung des Theaters. Der Artikel nach seinem wurde ebenfalls von einem Mann verfasst.

4. Der Bericht über die Landtagswahlen wurde im Schriftstil Times New Roman geschrieben. Dieser ist nicht von Frauke.

5. In der Wettervorhersage, welche nicht in `Courier New` oder **Arial** verfasst wurde, kommt „*und*" am häufigsten vor. Sie ist nicht von Frauke.

6. Hertha schrieb „*ist*" am meisten. Ihr Artikel ist nicht auf Seite drei oder Seite vier.

1.6 Texträtsel

Peter entwarf nacheinander fünf verschiedene Texträtsel. Jedes hat einen anderen Namen und eine andere Lösung. Außerdem besteht jedes dieser Rätsel aus unterschiedlich vielen Sätzen.

Wie heißt das Rätsel, welches 6 Sätze hat?

1. Sein erstes Rätsel besteht aus 9 Sätzen.
2. Einmal ist „1712Euro" die richtige Antwort. Das Rätsel davor heißt „Bücher".
3. „Deutschland" ist die Lösung in dem Rätsel, wo es um den „Preisvergleich" geht. Es hat nicht 14 Sätze.
4. Vor der Antwort „Platz 6" heißt das Rätsel „Drucker". Und davor ist die richtige Lösung „grün".
5. Im ersten Rätsel ist „Molly" die Antwort auf die Frage. Das danach hat 12 Sätze. Keines der beiden heißt „Lokales".
6. Das Rätsel „Bäume" hat mehr als 6 Sätze, aber weniger als 11 Sätze.
7. Das Rätsel „Bücher" hat 11 Sätze und kommt nach dem mit 12 Sätzen.
8. Mehr als 11 Sätze hat das Rätsel mit der Lösung „1712Euro".

1.7 Lieselotte

Die kleine Lieselotte begegnete in dieser Schulwoche (Montag – Freitag) auf dem Schulweg jeden Tag einem anderen Tier, welches sie mit jeweils etwas anderem fütterte. Jeden Tag fühlte sie ein anderes positives Gefühl, was sie in ihr Tagebuch schrieb.

Wie fühlte sich Lieselotte am Donnerstag?

1. Eine Wiesenblume gab es für die Schildkröte. Das geschah nicht am Donnerstag.
2. Am Freitag sah sie einen Fuchs. Beim Füttern empfand sie Dankbarkeit.
3. Als sie sich erwünscht fühlte, gab es Brötchen für das Tier. Es war nicht am Mittwoch.
4. Der Wildhase bekam etwas Gras am Dienstag. Stolz fühlte sie sich an einem anderen Tag.
5. Der Schwan bekam Brötchen. Mehr als zwei Tage später gab sie einem Tier die Wurst von ihren Schulbroten ab.
6. Die Reste aus ihrem Joghurtbecher schenkte sie der Katze. Das Gefühl der Gelassenheit fühlte sie einen Tag zuvor.
7. Es war nicht am Montag, als sie sich fürsorglich fühlte.

1.8 Kontakte

Marius fand auf seinem Handy nacheinander vier Kosenamen für Frauen. Er sieht die jeweiligen Mobilnummern (Vorwahl 0123-) und Festnetznummern (Vorwahl 0321-). Erst nach einer Weile erinnerte er sich wieder an die Frauen und kann zuordnen, wo sie sich jeweils kennengelernt haben.

Welche Festnetznummer hat die Dame, an welche er sich vor *„Schnitte"* erinnerte?

1. *„Süße"* hat die Nummern 0123-5764 und 0321-7645. Die Frau, an welche er sich davor erinnerte, lernte er über ein Chatportal im Internet kennen.

2. Jene, mit Nummer 0321-4657 und die Dame mit der 0123-4567, sind jeweils nicht unter *„Honey"* im Handy gespeichert.

3. *„Lovely"* lernte er im Supermarkt kennen. Zwei Kontakte danach erinnerte er sich an die Frau mit der Nummer 0321-5647.

4. In der U-Bahn lernte er die Frau mit der Nummer 0321-6754 kennen. Ihre Mobilnummer ist weder die 0123-6547, noch die 0123-7465.

5. Eine lernte er auf der Arbeit kennen. Es ist nicht *„Schnitte"*.

1.9 Katzen

Hanna und Mika haben vier Katzen von unterschiedlichem Alter und unterschiedlicher Rasse. Jede der Katzen bevorzugt ein anderes Katzenfutter. Außerdem haben heute alle etwas Dummes angestellt, worüber sich Hanna und Mika ärgerten. Jetzt liegen die Katzen an jeweils einem anderen Platz und schlafen als wäre nix gewesen.

Wo schläft die Katze, welche heute die Vase herunter geworfen hat?

1. Die einjährige britische Kurzhaarkatze frisst am liebsten Trockenfutter. Es ist nicht die, welche heute an den Blumen gefressen hat.

2. Die, die auf dem Küchenstuhl schläft hat heute die Türen in der gesamten Wohnung geöffnet. Veganes Futter ist nicht das Futter was sie mag. Sie ist jünger als die Wildkatze und jünger als die Hauskatze.

3. Eine ist vier Jahre alt. Eine andere schläft auf dem Kratzbaum.

4. Die zweijährige Bengalkatze frisst gerne Futter in Soße. Auf der Waschmaschine schläft sie heute nicht.

5. Die Wildkatze frisst Futter in Gelee. Sie ist ein Jahr jünger als die, die veganes Katzenfutter frisst.

6. Die Hauskatze hat heute unbemerkt die Reste vom Mittagessen geklaut und aufgefressen.

7. Eine schläft gerade auf der Sofadecke, eine andere frisst gerne Futter in Soße. Eine dieser beiden hat heute eine Vase vom Fensterbrett geworfen. Beide sind jünger als drei Jahre.

1.10 Markt

Auf dem Markt sind eine Gruppe von Rentnern, eine Gruppe von Jungs, eine Gruppe Kleinkinder und eine Gruppe von Frauen zu sehen. Es sind jeweils unterschiedlich viele und jede der Gruppen befindet sich an einem anderen Platz. Jede Gruppe hat etwas Anderes in den Händen.

Was haben die Kleinkinder in der Hand?

1. Die Gruppe von mehr als zwei Frauen steht am Schaufenster mit den Händen voller Tüten vom Einkaufen.
2. Die Gruppe von sechs Personen steht am Springbrunnen. Es ist nicht das Handy, was alle in den Händen halten. Die Gruppe mit den Handys sind mehr als zwei.
3. Die Rentner sitzen auf der Bank. Sie haben keine Kekse in den Händen und sind weniger als fünf.
4. Die, welche an der Telefonzelle stehen sind mehr als zwei.
5. Die Jungs sind weniger als sechs.
6. Alle Mitglieder einer Gruppe haben jeweils ein Eis in der Hand. Es sind weniger als drei.

2.

2.1 Familien

In einer Straße wohnen sechs Familien mit jeweils zwei Kindern nebeneinander. Von den Eltern sowie von den Kindern sind die Namen bekannt. Außerdem sind die Hobbys und die jeweiligen Hunderassen der Familien bekannt.

Welches Geschwisterpaar wohnt drei Häuser von den Brüdern Theo & Bruno entfernt?

1. Der Schäferhund mag Pferde und begleitet seine Familie zum Reiten.
2. Neben Gustav und seiner Frau Ute wohnen die Zwillinge Sophie & Sarah.
3. Sabine wohnt mit ihrem Mann links neben der Familie, die gern liest.
4. Die beiden Brüder gehen mit ihren Eltern und dem gemeinsamen Neufundländer täglich Gassi.
5. Rechts neben der Familie, welche gern Angeln geht, wohnt Mutter Anne. Annes Familie mag Motorradfahren.
6. Frank und seine Frau Ines haben nur einen Nachbarn.
7. Egon hat mit seiner Frau Zwillings-Mädchen.
8. Die Familie, welche immer gemeinsam kocht, wohnt zwei Häuser von der Familie entfernt, die einen Neufundländer hält.
9. Katrins Söhne heißen Markus & Marcel.
10. Milla und ihre Schwester, sowie deren Eltern spielen Tennis.
11. Der Bernersennenhund lebt rechts neben dem Golden Retriever.
12. Olli & Marie sind Geschwister. Es sind nicht die Kinder von Ludwig.
13. Olaf und seine Frau haben zwei Jungs und alle gemeinsam einen Border Collie.
14. Zwei Häuser neben der Familie, welche gern liest, wohnt Olaf mit seiner Familie.
15. Vater Gustav und Mutter Ines wohnen am weitesten auseinander.
16. Stefan mag Angeln und wohnt zwei Häuser rechts neben der Familie mit einem Labrador, welche aber nicht gerne liest.

17. Juliane wohnt mit ihren Eltern und dem anderen Kind rechts neben Olaf und Anne.

18. Die Familie, welche gerne reitet, wohnt vier Häuser vom Bernersennenhund entfernt.

19. Links neben Susanne und ihrem Mann, ihren zwei Kindern und dem Schäferhund wohnt eine Familie, welche einen Labrador hält und keine zwei Jungs hat.

20. Magdalena und John haben nur einen Nachbarn, wohnen nicht neben Olaf und Anne und auch nicht neben der Familie mit einem Schäferhund.

2.2 Urlauber

Die Eheleute Lucas und Johanna sind letztes Jahr in sechs verschiedenen Monaten, in sechs anderen Ländern in einer unterschiedlichen Reisedauer verreist. In jedem Land haben sie eine besondere Aktivität unternommen, hatten immer eine andere Unterkunft und für ihre Enkelkinder brachten sie jedes Mal etwas anderes mit.

Was erlebten sie in dem Urlaub, in welchem sie in einem Apartment übernachteten?

1. Nachdem sie in Norwegen waren, reisten sie nach Spanien.
2. Die Trekking-Tour war nicht im Dezember, sondern einen Monat nach dem Urlaub im Schloss.
3. Aus England haben sie die Schlüsselanhänger mitgebracht.
4. Während des 5-Tage Urlaubs besuchten sie ein Musical.
5. Die Kuscheltiere haben sie weder aus Italien, noch aus dem Urlaub, wo sie im Schloss schliefen.
6. Im 12-Tage Urlaub machten sie einen Fallschirmsprung und brachten Edelsteine für ihre Enkel mit.
7. Im Juli haben sie in einem Ferienhaus gewohnt, wo sie Muscheln sammelten. Drei Monate später nächtigten sie auf einem Hausboot.
8. Nach dem Urlaub mit dem Highlight der Bierverkostung, haben sie einen 14-tägigen Urlaub verbracht.
9. Im Hotel in der Schweiz gab es Armbänder.
10. Die Quad-Tour machten sie im Oktober.
11. Auf dem Hausboot waren sie 7 Tage, dort machten sie die Trekking-Tour nicht.
12. Die Muscheln sind aus Kroatien.
13. Weder die Armbänder, noch die T-Shirts sind aus dem Septemberurlaub.
14. Die erste Aktivität letztes Jahr war der Fallschirmsprung.
15. Sechs Monate nach dem 8-Tage Urlaub waren sie keine 21 Tage verreist.
16. Bei den Übernachtungen im Bungalow war das Wetter noch recht kühl.

17. Zwischen dem Urlaub im Juli und dem im Dezember machten sie eine Ballonfahrt.

18. 14 Tage lang waren sie in Norwegen. Das war weder im Februar, noch im März.

19. Der Urlaub in England war der Zweite letztes Jahr.

2.3 Bilder

In einem Museum sind sechs Bilder nebeneinander an einer Wand zu sehen. Die Vornamen der Künstler sind bekannt. Zu jedem Bild gibt es Angaben zur Höhe(cm), Form, Rahmenfarbe und was auf dem Bild zu sehen ist.

Wie sind die Höhen aller Bilder von links nach rechts gesehen?

1. Karl malte ein Bild, welches 85 cm hoch ist. Auguste malte ein anderes Bild.

2. Ein Bild ist Oval. Das rechts daneben ist dreieckig und zeigt eine Blumenwiese.

3. Vor dem Bild mit silbernem Rahmen ist Joachim sein Bild.

4. Auf einem Bild sind Menschen im grünen Rahmen zu sehen.

5. Das Bild von Ernst ist ganz rechts außen. Drei Bilder daneben ist die Farbe des Rahmens Bronze.

6. Das Bild, welches einen Wald zeigt, ist drei Bilder vom rechteckigen Bild mit braunem Rahmen entfernt.

7. 93 cm hoch ist das Bild von Joachim. Das links daneben zeigt die Silhouette einer Stadt.

8. Das Bild in Parallelogramm-Form ist 112 cm hoch im roten Rahmen.

9. Ein Bild ist in Rhombus-Form.

10. Elisabeths Bild ist 100 cm hoch.

11. Das Bild mit goldenem Rahmen von Karl hängt rechts neben dem quadratischen Bild.

12. Das vorletzte Bild zeigt einen Bahnhof. Es ist nicht 147 cm, nicht 85 cm und nicht 125 cm hoch.

13. Ein Bild zeigt einen Wasserfall.

14. Barbaras Bild mit der Blumenwiese ist drei Bilder vom 125 cm-hohen Bild mit silbernem Rahmen entfernt.

2.4 Kennenlernen

Klaudia war beim SpeedDating. Nacheinander hat sie den sieben Jungs die gleichen Fragen gestellt: Name, Wohnort, Fahrzeugtyp sowie eine gute und eine schlechte Charaktereigenschaft.

Klaudia entscheidet sich für den treuen Jungen. Wie heißt er?

1. Tommy war direkt nach Florian an der Reihe, aber nicht vor Danny.
2. Der Junge, welcher aus Kainz kommt fährt eine Limousine. Er ist nicht frech.
3. Einer ist ordentlich, dafür aber tollpatschig. Er wohnt in Kreiburg.
4. Der Geländewagenfahrer ist zickig.
5. Kevin fährt einen Van. Er saß irgendwo vor Benjamin und vor dem unordentlichen Jungen.
6. In Kachen wohnt der Cabriofahrer. Er ist hilfsbereit.
7. Einer ist pünktlich, ein anderer ist unpünktlich. Zwischen ihnen saßen zwei andere Jungs.

8. Der Kombifahrer war der vorletzte.
9. Georg fährt keinen Kombi. Er ist höflich und nicht unkreativ.
10. Der Ehrliche kommt mit seinem Kleinwagen aus Kuhl.
11. Leicht reizbar ist der erste aus der Reihe.
12. Paul kommt aus Keuss. Der Pünktliche aus Kremen.
13. Der Zickige ist humorvoll. Er saß vier Plätze nach dem Vanfahrer.
14. Frech ist der Junge, welcher aus Kürzburg kommt.
15. Danny fährt einen Transporter. Er hatte seinen Platz weder neben Benjamin, noch neben Georg.
16. Der Unpünktliche hatte drei Jungs vor sich.
17. Zwischen dem hilfsbereiten Jungen und dem Kombifahrer saß Paul.

2.5 Einkaufsläden

In einer Einkaufsmeile stehen vier Geschäfte nebeneinander. Von jedem
Laden ist bekannt, was verkauft wird, wie viele Kunden heute im Geschäft
einkauften und wie viel Geld demzufolge eingenommen wurde. Außerdem ist
der Vor- und Nachname der jeweiligen Besitzer bekannt.

Welches Geschäft hat heute 2798 Euro eingenommen?

1. In einem Laden waren heute 200 Kunden. Es wurden 3287 Euro
    eingenommen.
2. Inhaberin Richter hat heute 1999 Euro eingenommen, trotz der
    wenigsten Kunden.
3. Stefanie verkauft weder Dekoartikel, noch Lebensmittel.
4. Manuela verkauft Schreibwaren, rechts daneben ist der Dekoladen,
    welcher heute 112 Kunden hatte.
5. Inhaber Schulze hat seinen Laden neben dem Schreibwarenladen, aber
    nicht neben dem Bekleidungsgeschäft.
6. Heinrich heißt mit Nachnamen Müller und hat heute 7742 Euro verdient.
7. Rechts neben dem Geschäft wo heute 98 Kunden waren, hat Normen
    sein Geschäft. Er heißt mit Nachnamen Schulze.
8. Inhaberin Schmidt und Inhaberin Richter haben ihre Läden nicht
    nebeneinander.
9. Im Lebensmittelladen waren heute 387 Kunden. Zwei Geschäfte rechts
    daneben wurden 112 Kunden bedient.
10. Das Bekleidungsgeschäft hat nur einen Nachbarn.
11. Links neben Manuela wurde heute das meiste Geld eingenommen.

2.6 Schüler

Sechs Schüler kommen neu zur Klasse 3b hinzu. Nacheinander sollen sie sich zum Kennenlernen den Anderen vorstellen. Alle geben ihre Lieblingsmärchenfigur, ihr Lieblingsessen, ihr Lieblingsfach und ihr Haustier bekannt. Außerdem haben alle ein anderes Talent.

Ein Kind kann backen. Welches Haustier hat das Kind, welches sich davor vorstellte?

1. Ein Kind mag das Fach Musik, ein Kind mag das Fach Mathe und ein Kind mag das Fach Deutsch. Sie sitzen in dieser Reihenfolge nebeneinander.
2. Das Kind mit dem Hasen als Haustier und das Kind, was russisch sprechen kann, sitzen am weitesten auseinander.
3. Das erste Kind mag Prinzen und Pizza.
4. Ein Kind kann tanzen und liebt Milchreis, ein anderes mag das Fach Kunst und hat eine Katze.
5. Das Kind mit Hund mag Feen. Es sitzt nicht neben dem Kind, welches Pizza mag.
6. Ein Kind hat einen Vogel, mag das Fach Sport, isst am liebsten Burger und mag Zauberer. Es kann nicht Klavier spielen.
7. Ein Kind mag Zwerge, kann basteln und mag Döner. Es sitzt nicht neben dem Kind mit dem Hasen.
8. Das Fach Erdkunde und Pizza mag das gleiche Kind. Es hat keine Schlange, keine Katze und kein Pferd als Haustier.
9. Zwischen dem Kind, welches Fabeltiere mag und dem Kind, welches Pommes und Hexen liebt, sitzt noch ein anderes Kind, welches basteln kann.
10. Das Kind mit dem Vogel sitzt nicht neben dem Kind welches Klavier spielen kann und auch nicht neben dem Kind, was Nudeln am liebsten isst.
11. Das Kind, welches russisch spricht mag Hexen. Mehr als drei Plätze davor sitzt ein Kind, welches dichten kann.

2.7 Verspätungen

In einem Internetforum haben sich heute bisher sechs Zugreisende
nacheinander über verschiedene Verspätungsminuten in unterschiedlichen
Bahnhöfen und aus anderen Gründen beschwert. Jeder Reisende war in
einem anderen Zug.

Weswegen wurde ein Zug um 65 Minuten verspätet?

1. Als Fünfte beschwerte sich Isabella über 71 Minuten.

2. Ein Zug hatte in Lstadt Weichenstörung, die Beschwerde danach ist von
   Irma.

3. Der Zug 1293 wurde wegen einer Signalstörung verspätet. Drei
   Beschwerden später schimpfte Irene.

4. Ein Zug verspätete sich in Qstadt, der Zug davor in Ustadt und der Zug
   davor in Bstadt wegen einer Blockstörung.

5. Ingos Zug hieß 1229 mit 92 Minuten Verspätung.

6. Ein Zug hieß 1256. Der Zug davor hatte 84 Minuten Verspätung wegen
   eines Polizeieinsatzes in Fstadt.

7. Ingolf war im Zug 1237. Drei Beschwerden später ging es um die
   Folgeschäden durch Witterung.

8. Der Kabeldiebstahl war nicht in Ystadt.

9. Direkt vor Ingolf beschwerte sich Ignatz.

2.8 Wetter

Joachim schaut sich die Wettervorhersage für die kommende Woche (Montag – Sonntag) an. Jeden Tag sollen das Wetter, die Höchst- und Tiefsttemperaturen, sowie die Niederschlagswahrscheinlichkeit verschieden sein.

Wie sind die Höchst- und Tiefstwerte am Sonntag?

1. Am Tag, wo die Niederschlagswahrscheinlichkeit bei 70% liegt, wird es schwül. Es ist nicht Samstag.
2. Am Dienstag ist der Höchstwert 23°C und der Tiefstwert 10°C. Es soll windig werden.
3. Einen Tag soll es gewittern. Am Tag danach ist der Tiefstwert 6°C, und einen Tag danach wird es bewölkt.
4. Am Freitag ist der Höchstwert 21°C und die Niederschlagswahrscheinlichkeit liegt bei 50 %.

5. Einmal liegt die Niederschlagswahrscheinlichkeit bei 100%. Drei Tage zuvor wird es sonnig mit 12°C Tiefstwert.
6. Einmal ist der Höchstwert 32°C, am Tag danach ist 28°C Höchstwert und 19°C Tiefstwert.
7. Am Tag, wo es heiß wird, liegt die Niederschlagswahrscheinlichkeit bei 10 %. Das ist weder am Montag, noch am Dienstag, noch am Mittwoch.
8. Am Mittwoch ist der Höchstwert 20°C und die Niederschlagswahrscheinlichkeit bei 90%.
9. Einmal liegt die Niederschlagswahrscheinlichkeit bei 20%. Es wird sonnig mit Höchstwerten von 25°C.
10. Am Tag, wo es regnet, ist 17°C der Höchstwert. Am Tag danach ist der Tiefstwert 9°C.
11. Dort, wo es gewittern soll, ist der Tiefstwert 7°C. Drei Tage später liegt der Tiefstwert bei 27°C.
12. 40% Niederschlagswahrscheinlichkeit ist dort, wo der Höchstwert bei 23°C liegt.

2.9 Wohnhaus

Es wurde ein neues Wohnhaus mit sechs Etagen gebaut. In jeder Etage wohnt genau eine Familie, deren Nachname bekannt ist. Alle haben ihre Möbel in einem anderen Möbelhaus und in einer anderen Holzart gekauft. Alle haben einen anderen Raum in der Farbe blau. Der Name des jeweiligen Haustieres ist bekannt.

Welche Familie hat die Möbel in der Holzart Kernesche?

1. Die Familie Haffner wohnt direkt unter der Familie mit dem Haustier „Sammy".
2. Jene, mit Möbeln in Kirschbaum von Gestaltungsflair, wohnen ganz oben.
3. In der vierten Etage ist das Wohnzimmer in blau gehalten. Dort wohnt Familie Wagner.
4. Ein Haustier heißt „Balu", die Familie darunter heißt Meiner und die Familie darunter hat die Möbel von Hausratsvielfalt in Eiche.
5. Die mit dem blauen Badezimmer wohnen weder ganz oben, noch ganz unten.
6. Die Möbel von Kreativmobilar sind in Birke. Es ist nicht Familie Janssen.
7. Eine der Familien hat den Flur in blau. Zwei Etagen darüber wurden alle Möbel bei Einrichtungsträume gekauft.
8. Familie Andrews haben die Möbel in Buche. Ihr Kinderzimmer ist in blau.
9. Das Haustier namens „Diva" wohnt in der fünften Etage. Es ist nicht Familie Wagner. Beide haben ihre Möbel nicht in Kernesche.
10. Ein Haustier heißt „Goldy". Das Haustier darüber heißt „Tiger".
11. Die Leute mit der blauen Küche waren bei Inventarzauber einkaufen. Sie wohnen nicht in der ersten, zweiten oder dritten Etage.
12. Die mit dem blauen Schlafzimmer wohnen nicht in der dritten Etage.
13. Die Einen, die bei Ausstattungskram gekauft haben, haben einen blauen Flur. Drei Etagen darüber heißt das Haustier „Kitty".
14. Familie Regner hat die Möbel nicht in Nussbaum, nicht von Kreativmobilar und nicht von Ausstattungskram.

2.10 Tattoos

An jedem Werktag (Montag – Freitag) besuchte jemand anderes ein Tattoo Studio. Die Namen der Kunden sind bekannt. Alle wollen ein anderes Motiv an einer jeweils anderen Körperstelle. Jedes Tattoo hat zwei unterschiedliche Farben und hat bei jedem unterschiedlich lange gedauert.

In welchem Tattoo wurde die Farbe Braun verwendet ?

1. Rot und magenta sind zusammen verwendet worden. Es dauerte 6 Stunden.
2. Ein Tag, bevor am Arm tätowiert wurde, ließ sich Amanda den Oberschenkel tätowieren.
3. Das Tattoo auf der Hand dauerte 2 Stunden. Das war nicht am Dienstag und nicht am Freitag.
4. Weniger als 9 Stunden bei einem anderen, dauerte das Tattoo auf der Wade. Es ist ein Löwe.
5. Ein Tattoo ist rosa und gelb. Es ist nicht das Mandala.
6. Ein Tattoo ist weiß. Ein anderes ist orange.
7. Benny war am Montag an der Reihe. Es dauerte 7 Stunden.
8. In Emils Tattoo ist auch die Farbe grün.
9. Die Prinzessin dauerte 4 Stunden. Es ist nicht das Motiv von Theresa.
10. Am Dienstag wurde ein magenta-farbenes Blumenmotiv gestochen. Es ist nicht auf einem Arm und es war nicht bei Amanda.
11. Das Tribal ist nicht weiß und nicht orange.
12. Das gelbe Tattoo dauerte 4 Stunden. Es wurde einen Tag, nachdem die Hand tätowiert wurde, gestochen.
13. Das grüne Tattoo hat keine weiße und keine orangenen Anteile.
14. Jasmin wollte die Farbe blau. Schwarz ist nicht in ihrem Tattoo.
15. Ein Tattoo ist grün. Zwei Tage zuvor wurde blau verwendet.
16. Jemand ließ sich den Rücken tätowieren. Jemand anderes hat braun im Tattoo. Beides war weder am Donnerstag, noch am Freitag.

2.11 Parkhaus

In einem Parkhaus haben sechs Männer ihre Motorräder nebeneinander geparkt. Jedes Motorrad hat einen anderen Typ, eine andere Farbe und ein anderes Kennzeichen. Jeder der Männer wohnt in einem anderen zu Hause und übt einen anderen Beruf aus.

Welches Kennzeichen hat der Chopper-Fahrer?

1. Die Enduro hat B als Kennzeichen. Ein anderer fährt ein graues Motorrad.
2. Ganz links parkt eine goldene Motocross .
3. Der Lokführer wohnt in einer Villa. An seinem Motorrad ist das Kennzeichen K.
4. Drei Motorräder links vom grauen Motorrad steht eine silberne Supermoto.
5. Der Schweißer wohnt in einem Schloss. Sein Motorrad ist rot. Er fährt keine Tourer, kein Pocket Bike und keine Chopper.

6. Die Chopper steht neben dem Motorrad, welches L als Kennzeichen hat.
7. Der Ingenieur hat ganz rechts geparkt. Er wohnt nicht in einem Haus, sein Kennzeichen ist nicht H.
8. Weder das Pocket Bike, noch die Enduro sind schwarz oder blau.
9. Einer ist Pilot. Zwei Motorräder rechts daneben parkt der Zöllner. Das Motorrad in deren Mitte ist silber.
10. N hat das Motorrad des Mannes, welcher in einem Loft wohnt. Er hat weder an dritter, noch an vierter Stelle geparkt.
11. Der Architekt wohnt nicht auf dem Hausboot.
12. Einer wohnt in einer Wohnung, einer hat als Kennzeichen M. Sie parken am weitesten auseinander.

2.12 Essen

Fünf Freunde sitzen bei einem Streetfoodfestival nebeneinander auf einer Bank und unterhalten sich über das Essen. Jeder hat ein anderes Lieblingsgericht, aber auch etwas, was er nicht mag. Jeder bevorzugt ein anderes Fastfood, mag ein anderes Getränk, eine andere Knabberei und eine andere Süßigkeit.

Was ist das Lieblingsessen von dem, welcher Nugat als Süßigkeit liebt?

1. Jemand mag Marzipan und Salzstangen.
2. Die Person, welche Sushi nicht mag, mag als Fastfood Hot Dogs und trinkt gern Radler.
3. Links neben der Person, die heiße Schokolade trinkt, knabbert jemand gern Nachos, mag aber keinen Pfeffer.
4. Einer mag das Gericht Hühnerfrikassee. Zwei Plätze rechts danebem isst jemand Currywurst als Fastfood und trinkt Tee.
5. Die Person, welche ganz außen sitzt, mag Cola aber kein Chili.
6. Einer mag Lasagne als Gericht, Meerrettich mag er nicht. Als Knabberei isst er Chips am liebsten.
7. Zwischen dem Fischbrötchen Fastfood-Liebhaber und dem Döner Fastfood-Fan sitzt jemand, der Cornflakes als Süßigkeit mag.
8. Spaghetti Carbonara ist das Lieblingsgericht von dem, der Fassbrause trinkt. Neben ihm mag jemand Schokolade.
9. Jemand mag keine Pilze, dafür aber Flips als Knabberei.
10. Zuckerwatte ist die Süßigkeit für jemanden, der ganz außen sitzt. Als Fastfood mag er Pizzen, sein Nachbar mag als Fastfood Currywurst.
11. Neben der Person, die Tomateneintopf am häufigsten isst, sitzt jemand, der am liebsten Nüsse knabbert.
12. Einer mag Grießbrei als Gericht. Pfeffer gefällt ihm nicht.

2.13 Hochzeiten

Susanna war schon auf fünf verschiedenen Hochzeiten ihrer Freunde. Von jeder Hochzeit sind die Namen der Braut und des Bräutigams bekannt. Jedes Ehepaar hat mit einem anderen Motto und einer anderen Torte in einer unterschiedlichen Location gefeiert. Susanna hat jedem Paar etwas anderes geschenkt.

Ein Brautpaar hat einen Hund geschenkt bekommen. Welches Motto hatte die Hochzeit, welche danach stattfand?

1. Malte und Letti sind ein Paar.

2. Lasse und seiner Frau wurde ein Auto geschenkt. Sie hatten nicht die Mandarinentorte.

3. Zwischen der Hochzeit mit der Zitronentorte und der Hochzeit mit dem Motto orange-lila wurde an Marvin und seine Frau ein Fernseher verschenkt.

4. Lennys Hochzeit wurde im Restaurant gefeiert. Direkt danach wurde eine im Garten gefeiert.

5. Im Schloss feierten weder Marco, noch Mara.

6. Zur zweiten Hochzeit wurden Mia und ihrem Mann ein Pool geschenkt.

7. Die Nugattorte wurde wie das Motto blau-rosa gestaltet.

8. Zwei Hochzeiten nach der mit dem Motto grün-weiß von Luna, wurde im Rittergut mit einer Mandarinentorte gefeiert.

9. Im Restaurant wurde mit einer Erdbeertorte und dem Motto rot-gelb gefeiert.

10. Auf der Hochzeit auf dem Schiff gab es keine Marzipantorte.

11. Malte und seiner Frau wurde ein Urlaub geschenkt. Ihr Motto war nicht gold-silber.

12. Lennys Frau ist nicht Louisa.

2.14 Namen

Es stehen fünf Häuser in einer Straße nebeneinander. In jedem Haus wohnen Mann und Frau, deren Namen bekannt sind. Alle Paare erwarten Zwillinge, deren Geschlechter noch nicht bekannt sind. Aus dem Grund haben alle jeweils zwei Jungennamen und zwei Mädchennamen als Favorit.

Welche Favoriten für Mädchennamen haben Simon und seine Frau?

1. Hannah und Linus sind ein Paar. Als Mädchenname haben sie Mila und Mathea.

2. Im Haus ganz links wohnt Julian mit seiner Frau. Ein Jungenname ist John, ein Mädchenname Lina.

3. Ein Pärchen findet Nino für einen Jungen toll. Das Paar drei Häuser entfernt würde ein Mädchen Leandra und/oder Mia nennen, die Jungs Elias und/oder Justus.

4. Justus als Jungenname ist ein Favorit von Nora und ihrem Mann. Ein Haus davor wird der Name Lou für einen Jungen schön gefunden.

5. Nora wohnt ein Haus vor Amelie. Amelie mag Fiete als Jungenname.

6. Leas Mann ist nicht Alexander.

7. Ein Paar mag Ella für ein Mädchen und für einen Jungen Finn.

8. Enno und seine Frau finden Kiara für ein Mädchen toll.

9. Als Jungenname findet ein Pärchen Tristan schön, Ein anderes Paar mag Luca für einen Jungen.

10. Juna würde ein Mädchen Elara nennen. Drei Häuser rechts daneben zählt Emma zu den Mädchennamen.

11. Simon wohnt mit seiner Frau im zweiten Haus. Das Paar links neben ihnen findet Clara für ein Mädchen schön.

12. Liam ist ein Wunschjungenname von Linus und seiner Frau.

2.15 Sandwiches

Sechs Leuten wurde nacheinander ein Sandwich zubereitet. Jede Person wählte eine andere Brotsorte, eine andere Fleischsorte, eine andere Käsesorte und eine andere Soße. Außerdem wollten alle genau eine Gemüsesorte nicht haben.

Welches Gemüse ist nicht auf dem Oregano Sandwich?

1. Jemand nahm Sesambrot und Hähnchen. Die Person davor nahm Thunfisch und Joghurtsoße.

2. Einer wollte keine Tomaten, die Person danach nahm die Chilisoße mit Emmentaler als Käse.

3. Jemand wählte Gouda zu seinem Schinkensandwich. Dazu gab es weder Zwiebelsoße, noch die rauchige Soße.

4. Einer nahm Rippchenfleisch im Fladenbrot. Jemand anderes nahm Vollkornbrot ohne saure Gurken.

5. Die vierte Bestellung war das Weißbrot mit Frischkäse und Mayonnaise. Zwei Personen zuvor bestellte jemand Cheddar. Und die Person davor wollte keine Zwiebeln aber Knoblauchsoße.

6. Das Oreganobrot war mit Pulled Pork. Paprika war nicht das Gemüse, welches die Person nicht wollte.

7. Jemand wählte das Honigbrot mit Schinken. Zwei Personen danach wollte jemand Mozzarella und keine Oliven.

8. Das Salamisandwich mit Frischkäse war ohne Peperoni. Die Person danach nahm Schmelzkäse aber keine Zwiebelsoße.

2.16 Diäten

Zwei Monate lang, machten sechs Frauen eine Diät. Nun wiegen sie sich nacheinander. Jede bevorzugte eine andere Gemüsesorte, Obstsorte und Teesorte. Alle haben unterschiedlich viel Kilo abgenommen und haben nun eine andere Kleidergröße.

Eine nahm 15 Kilo ab. Welches Obst mag die, welche sich davor wog?

1.   Jene, welche 6 Kilo abnahm, mag Eisbergsalat und Brombeeren.

2.   Die mit der Kleidergröße L wog sich zuerst.

3.   Eine mag Pfefferminztee, die Frau danach mag Brenneseltee und nahm 4 Kilo ab.

4.   Eine mag Möhren und Fencheltee. Sie wog sich als zweite und trägt nun die Größe XL.

5.   Jene, welche Erdbeeren mag, mag auch Ingwertee. Eine andere mag Zucchini und Himbeeren. Eine wog sich zuerst, eine zuletzt. Sie haben 2 Kilo Unterschied.

6.   Eine hat Größe XXL, die danach die XS und die danach M. Alle mögen keine Mango, keine Erdbeeren und auch keinen grünen Tee.

7.   Eine hat 7 Kilo abgenommen. Sie wog sich nach derjenigen, welche Bananen mag.

8.   Eine Frau mag Gurken, die danach Zitronen-Melisse-Tee und trägt die M.

9.   Jene, welche die Tomaten mag, liebt Melonen. Drei Frauen vorher wog sich die, welche Kohlrabi mag und 9 Kilo abnahm.

10. Die mit der S hat sich vor derjenigen gewogen, welche Melonen mag und 12 Kilo abnahm.

2.17 Stadt-Land-Fluss

Fünf Schüler spielen Stadt-Land-Fluss mit ausgewählten Kategorien. Sie geben nacheinander ihre Antworten bekannt. Der Buchstabe ist G. Die Kategorien sind: Vogelart, Pflanze, Flüsse, Schimpfwort, Tatwaffe und Trennungsgrund.

Welchen Fluss nannte der Schüler, welcher den *Glücksklee* als Pflanze hat?

1. Der erste hat die *Gail* als Fluss. Zwei Plätze rechts danebens ist der *Grünfink* die Vogelart. Und zwei Plätze rechts daneben ist der Trennungsgrund „*Geld geklaut*".

2. Jemand antwortete bei Pflanze mit *Glücksklee*, Schimpfwort mit „*Glubschi*" und bei Tatwaffe mit *Gewehr*. Der Fluss *Gera* war nicht seine Antwort.

3. Der Schüler in der Mitte nannte „*Gras rauchen*" als Trennungsgrund. Als Pflanze hat er den *Gummibaum*. Die beiden Schüler neben ihm nannten den *Grünspecht* und den *Grauspecht*.

4. Einer hat als Vogel den *Goldammer* und als Pflanze das *Gras*. Er sitzt ganz außen.

5. Bei Trennungsgrund nannte jemand „*Gaffer*". Ein anderer nannte „*Geiz*". Sie sitzen nicht nebeneinander.

6. Einer hat den *Gänsegeier* als Vogel. Der Schüler rechts daneben hatte den *Green River* als Fluss. Als Schimpfwort hatten beide den „*Gnom*" nicht.

7. Zwischen der Tatwaffe *Goldbarren* und dem Fluss *Ganges* war „*Geiz*" der Trennungsgrund.

8. Einer nannte die *Gießkanne* als Tatwaffe und als Schimpfwort „*Gauner*". Danach war *Gift* die Tatwaffe. Und danach war „*Gangster*" das Schimpfwort.

9. Das *Gänseblümchen* als Pflanze und die *Glasscherbe* als Tatwaffe sind von unterschiedlichen Schülern.

10. Jemand hat „*Gemeini*" als Schimpfwort und die *Ginger* als Pflanze.

11. „*Geht fremd*" ist ein Trennungsgrund. Jemand anders hatte den *Godavari* als Fluss. Ein anderer hatte die *Gail* als Fluss.

2.18 Handwerker

In einer Berufsschule stellen sechs Handwerker ihren jeweiligen Beruf vor. Alle präsentieren ein Werkzeug und ein elektrisches Gerät, welche sie bei ihrer Arbeit unterstützen. Die Handwerker haben einen unterschiedlichen handwerklichen Beruf aber vorher einen anderen Beruf erlernt. Beim Arbeiten hören alle eine andere Musikrichtung.

Welchen Handwerksberuf hat der, welcher die Bohrmaschine präsentierte?

1. Der Straßenbauer hört Rock'n'Roll. Der Zimmerer war danach dran und hört Techno.
2. Einer zeigte ein Abrollgerät, der davor einen Kombihammer und der davor brachte einen Hobel mit.
3. Der Maler & Lackierer nutzt einen Pinsel und ein Feinsprühgerät.
4. Der gelernte Florist nutzt einen elektrischen Joy-Stick.
5. Nach dem gelernten Erzieher war der Handwerker mit dem Kabelmesser dran. Danach kam der gelernte Dolmetscher.
6. Der Dachdecker hat Bauzeichner gelernt. Nach ihm war niemand mehr zur Präsentation.
7. Der gelernte Konditor hört Jazz. Er machte den Anfang.
8. Der Zimmerer hat keinen Joy-Stick, kein Lasermessgerät und kein Kabelmesser.
9. Der Metallbauer hört Pop. Er präsentierte seine Ausbeulzange.
10. Zwischen dem, mit dem Schweißgerät und dem, mit der Bohrmaschine war der gelernte Landwirt zur Präsentation.
11. Der, welcher Volksmusik hört, brachte die Säge mit.
12. Der Gerätefahrer hört Oldies. Das Abrollgerät ist nicht von ihm.

2.19 Kleidung

Sechs Frauen waren einkaufen und präsentieren nun nacheinander ihren Männern jeweils drei gekaufte Kleidungsstücke. Kein Teil kommt zwei- oder mehrmals vor. Jede war in einem anderen Laden und hat eine andere Gesamtsumme bezahlt.

Welche drei Teile gab es bei *Sehrelegant*?

1. Die Frau, welches als fünfte ihre Kleidung präsentierte, hat bei *Sehrelegant* eingekauft und dort 212 Euro bezahlt.
2. Eine Frau kaufte eine Jogginghose, das Mädel danach ein Unterhemd.
3. Eine kaufte einen Rock, ein T-Shirt und ein Kleid.
4. Den Bikini gab es zusammen mit dem Hemd aber nicht mit dem Pullover.
5. Der Einkauf bei dem es die Bluse und die Latzhose gab kostete insgesamt 73 Euro. Es war kein Pullover im Einkauf.
6. Bei *Fürallewasdabei* gab es keine Jacke, kein Unterhemd und kein Kleid.
7. Bevor es bei *Kleidedichein* einen Bikini gab, hat eine andere bei *Fühldichwohl* Socken und ein Tanktop gekauft.
8. Bei dem Mädel, welches als zweite an der Reihe war, kostet der Einkauf 207 Euro.
9. Das Unterhemd wurde direkt vor der Jacke präsentiert.
10. Die Leggins und den Windbreaker gab es bei *Machdichschick*. Das dritte Kleidungsstück war keine Jeanshose.
11. 125 Euro kostete der Einkauf bei *Siehtgutaus*, die Frau danach kaufte Turnschuhe bei *Machdichschick* und das Mädel danach zahlte 89 Euro.
12. Den Schlafanzug gab es bei *Sehrelegant*, das Mädel, welches direkt davor ihre Kleidung präsentierte, zahlte 170 Euro.

2.20 Zugabteil

Ein Zugabteil hat sechs Reihen mit jeweils zwei Plätzen. In jeder Reihe sitzt jemand, dessen Namen bekannt ist, mit jeweils einer anderen Begleitperson. Alle Parteien haben jeweils ein anderes Ticket, wollen an ein anderes Ziel und sie alle haben während, beziehungsweise vor der Zugfahrt, etwas Blödes angestellt.

Wohin wollen die, welche vor und hinter denen mit einem Sparticket sitzen?

1. Die mit dem Wochenendticket wollen nach Warschau und sitzen in der zweiten Reihe.
2. Rico und seine Begleitung hatten die Füße auf den Sitzen im Zug.
3. Paula hat als Begleitung ihren Vater, sie wollen nach Kopenhagen und sitzen hinter Rico.
4. Die Person mit Kind als Begleitung hat ein Tagesticket. Sie sitzen in der dritten Reihe.
5. Frieda und ihr Mann haben im Zug unerlaubt geraucht.
6. Die Einzelfahrkarte wurde vor der Fahrt nicht entwertet.
7. Andere Fahrgäste beleidigt haben die, welche nach Bern wollen.
8. Milan will nicht nach Amsterdam. Er sitzt eine Reihe vor Lena.
9. Der Fahrtgast mit seiner Schwester als Begleitung hatte ein ungültiges Ticket. Die in der Reihe dahinter haben zu laut Musik gehört.
10. William hat kein Regioticket. Er reist mit seiner Frau.
11. Jemand hat seine Mutter als Begleitung. Sie wollen nach Prag.
12. Nach Paris wollen die mit dem Ferienticket. Sie hatten die Füße nicht auf den Sitzen.

2.21 Angebote

Diese Woche (Montag - Samstag) haben sechs verschiedene Märkte jeweils an einem anderen Tag Angebote in Haushaltsgeräten, Parfüms, Fortbewegungsmitteln und an Gartenzubehör.

Was bot der Flohmarkt an welchem Tag an?

1. Den Trockner und den Gartenpool gab es im Discounter.

2. Den einen Tag hat der Kiosk einen Gefrierschrank im Angebot. Drei Tage später bietet jemand einen Grill und ein Skateboard günstig an.

3. Die Kaffeemaschine wurde auf dem Flohmarkt angeboten, ebenso wie das Parfüm mit der tropischen Duftnote.

4. Der Supermarkt bot einen Sonnenschirm für den Garten an. Außerdem auch ein Fahrrad.

5. Am Donnerstag gab es einen Hundezwinger und das Parfüm mit einer holzigen Note.

6. Einmal gab es einen Staubsauger, einmal gab es ein Einrad. Zwischen ihnen waren mehr als zwei andere Märkte.

7. Der Onlinehandel bot ein Parfüm mit orientalischer Note an. Direkt danach wurde eines mit herber Duftnote angeboten und danach war bei einem anderen Markt der Geschirrspüler im Angebot.

8. Ein elektrischer Roller wurde am gleichen Tag angeboten, wie die Waschmaschine.

9. Die Inliner waren am ersten Tag im Angebot.

10. Einmal gab es für den Garten Tische & Stühle, direkt danach gab es ein Hoverboard und eine Hollywoodschaukel.

11. Der Dorfladen hatte weder das Parfüm mit blumiger Note, noch eines mit Zitrusnote im Angebot.

2.22 Kühlschränke

In einer Küche stehen sechs Kühlschränke nebeneinander. Jeder Kühlschrank enthält eine Fleischsorte, eine Fischsorte, ein Milchprodukt, etwas Süßes und ein Öl.

Welche Fischsorte ist im Kühlschrank wo auch das Distelöl ist?

1. In dem Kühlschrank, der nur zu einer Seite einen Nachbar hat, steht Backfisch, Putenfleisch und Sojaöl.

2. Der Quark steht rechts vom Käse.

3. Ein Kühlschrank beinhaltet Lammfleisch, Honig und Aal.

4. Vor dem Kühlschrank mit Sahne steht einer mit Schokoladencreme und Lachs.

5. Zwischen dem mit Schweinefleisch und dem mit Kokosöl Bestückten stehen zwei andere Kühlschränke. In diesen allen befinden sich weder Marmelade, noch Apfelmus als Süßes.

6. Einer ist gefüllt mit Froschschenkeln und Forelle. Der Kühlschrank danach hat Kalbsfleisch und Rapsöl.

7. Im zweiten Kühlschrank sind Rindfleisch, Sonnenblumenöl und Butter, aber kein Pudding und kein Thunfisch.

8. Der Kühlschrank mit der Süßigkeit Eierkuchen und dem Distelöl enthält keinen Schmand und ist nicht der dritte Kühlschrank.

9. Der mit Hering und Apfelmus ist zwei Kühlschränke von dem mit Olivenöl entfernt.

10. Einer ist mit Dickmilch und Schweinefleisch bestückt. Es ist weder Kokosöl, noch Backfisch darin.

2.23 Bahnhof

Im Bahnhof Zfeld liegen fünf Gleise nebeneinander. Zu jedem dort stehenden Zug sind die Ladungen, die Längen und die Farben bekannt. Außerdem gibt es Angaben zum Namen der jeweiligen Lokführer und zum Ziel der Züge.

Wie heißt der Lokführer, welcher Personen transportiert?

1. Neben dem Zug, der seine Ladung nach Zheim bringen will, steht ein Zug mit 620 m Länge.

2. Manfred transportiert Benzin, sein Nachbar will nach Zstadt.

3. Pauls Zug und der Zug von Ludwig stehen am weitesten voneinander entfernt.

4. Der kürzeste Zug ist grau.

5. Thomas` Zug steht nicht neben Ludwigs oder Conrads Zug.

6. Der grüne Zug ist mit Schotter beladen und 540 m lang.

7. Der Zug nach Zdorf steht im letzten Gleis.

8. Nur einen Nachbarn hat der rote Zug mit Holz als Ladung.

9. Der längste Zug steht im dritten Gleis und will nach Zburg.

10. Der braune Zug steht zwischen dem blauen und dem grünen Zug.

11. Neben dem 210 m langen Zug steht ein mit Schotter beladener.

12. Einer will Kohle nach Zhausen bringen, der Zug rechts daneben will nach Zburg.

13. Conrads Zug ist blau und mit Kohle beladen, der Zug rechts daneben ist 80 m länger.

14. Links vom blauen Zug steht der Zug mit 350 m.

2.24 Pizzen

Fünf Freunde, deren Namen bekannt sind, sitzen in einer Pizzeria am Tresen nebeneinander. Alle haben genau eine Pizza mit jeweils zwei unterschiedlichen Belägen gegessen. Außerdem hat jede Pizza eine andere Käsesorte und hat anders geschmeckt.

Welche Pizza hat „*mittelmäßig*" geschmeckt?

1. Die Pizza mit der Käsesorte Parmesan hat „*so lala*" geschmeckt.
2. Anna sitzt nicht neben Anne und nicht neben Antonia.
3. Die beiden Jungs sitzen nebeneinander.
4. Alex hat Brokkoli und Schinken als Belag. Sein Nachbar hatte Cheddar als Käsesorte.
5. Zwei Plätze neben Anne hat die Pizza „*gut*" geschmeckt.
6. Die Pizza mit Salami und Gorgonzola hat Alfred gegessen
7. Einer mag Pilze und Hackfleisch.
8. Die Pizza von Antonia war mit Paprika belegt. Rechts neben ihr sitzt niemand.
9. Die Pizza, welche links neben der mit Gouda gegessen wurde, hatte Ananas als Belag.
10. Die Pizza mit Hähnchen und Tomate hat „*schlecht*" geschmeckt und war nicht neben der von Alfred.
11. „*Großartig*" war die Pizza mit Mozzarella.
12. Alfred sitzt neben Anna. Ihre Pizza war nicht mit Thunfisch belegt.

2.25 Werbefotos

Annabella ist Model und hatte fünf Tage (Montag – Freitag) hintereinander jeweils in einer anderen Stadt in jeweils einer anderen Location ein Shooting. Jeden Tag war ihr Kleid in einer anderen Farbe und jeden Tag hat sie für einen anderen Gegenstand geworben. Außerdem war das Wetter jeden Tag anders.

Welcher Gegenstand war bei dem Shooting in der Villa auf ihren Bildern zu sehen?

1. Am ersten Tag war Annabella in Frankfurt, am vorletzten Tag in Köln.
2. Am Strand hat sie für eine Tasche mit einem roten Kleid geworben.
3. Als sie das rosafarbene Kleid trug, war es bewölkt.
4. Für den Lippenstift hat sie in München bei wechselhaftem Wetter geworben.
5. Drei Tagen nach dem regnerischen Tag war sie in Hamburg, um für einen Schal zu werben.
6. Die Turnschuhe trug sie auf dem Hochhaus zusammen mit dem goldenen Kleid.
7. Das Shooting im Wald war direkt nach dem Shooting in Leipzig.
8. Zwei Tage, nachdem die das weiße Kleid an hatte, trug sie ein grünes Kleid im Flugzeug.
9. Bei heißem Wetter warb sie nicht für die Brille.
10. Einen Tag nachdem sie das weiße Kleid trug, war es bewölkt.
11. Das Shooting im Flugzeug fand bei windigem Wetter statt.

2.26 Autorennen

Es fand ein Autorennen statt. Es gibt die Platzierungen eins bis sieben. Jedes Auto hat eine andere Farbe und einen anderen Typ. Außerdem hat jedes eine andere PS-Zahl, eine andere maximale Höchstgeschwindigkeit und braucht unterschiedlich viele Sekunden um von 0 auf 100 km/h zu beschleunigen.

Welche Farbe hat das Auto, welches 12 Sekunden zur Beschleunigung auf 100 km/h braucht?

1. In 0,9 Sekunden schafft es das blaue Elektroauto von 0 auf 100 km/h.
2. Vier Plätze vor dem Auto, welches maximal 190 km/h fährt, ist ein goldenes Auto mit 450 PS.
3. Der Mittelklassewagen ist einen Platz nach dem Auto, welches in 15 Sekunden von 0 auf 100 km/h beschleunigen kann.
4. Der Pick-up ist beige und auf einen der ersten drei Platzierungen.
5. Das Auto mit 540 PS fährt maximal 330 km/h. Drei Plätze danach ist ein grünes Auto und einen Platz nach dem grünen ist das Cabriolet.
6. In 0,7 Sekunden von 0 auf 100 km/h schafft es das Auto, welches 380 PS hat. Es ist nicht auf den Plätzen eins oder zwei oder vier oder sieben.
7. Ein Auto ist silber, das danach hat 510 PS und fährt maximal 420 km/h.
8. Auf Platz Vier ist die grüne Luxuslimousine mit 320 PS.
9. Ein Auto fährt maximal 340 km/h, eins fährt maximal 280 km/h und eins fährt maximal 410 km/h. In dieser Reihenfolge sind sie nacheinander ins Ziel gefahren. Keines davon ist die Oberklasse und keines ist auf dem fünften oder sechsten Platz.
10. Ein Auto hat 490 PS und schafft es in 10 Sekunden von 0 auf 100 km/h. Das Auto zwei Plätze davor braucht dafür 11 Sekunden.
11. 12 Sekunden für die Beschleunigung von 0 auf 100 km/h braucht der Sportwagen. Seine maximale Höchstgeschwindigkeit ist nicht 270 km/h. Er ist nicht violett.
12. Ein Auto ist Bronze und fährt von 0 auf 100 km/h in 0,8 Sekunden. Vier Plätze danach fuhr ein Auto mit 630 PS ins Ziel.

2.27 Zocker

Bei einem Zockertreffen sitzen sechs Spieler, deren Spitznamen bekannt sind, in einem Kreis und machen sich dem Uhrzeigersinn nach miteinander bekannt. Alle spielen ein anderes Spiel auf jeweils einem anderen Laptop mit einer anderen Marke. Außerdem geben sie Auskünfte darüber, wie viele Stunden sie pro Woche mit dem Spielen verbringen und wie viele Monate sie das schon machen.

Wie viele Stunden pro Woche zockt „*BadBoy*" welches Spiel?

1. Den Anfang macht jemand, welcher 59 Stunden pro Woche auf dem Lettuce Laptop zockt. Zwei Leute nach ihm sitzt „*BadBoy*".

2. „*MrSexy*" spielt ein Angelspiel. Vor ihm stellte sich jemand vor, welcher seit 90 Monaten spielt.

3. Einer zockt ein Autorennspiel, einer zockt in der Woche 63 Stunden ein Ballerspiel. Sie sitzen nicht nebeneinander.

4. Der, welcher den Laptop von Courgette hat und der, welcher seit 59 Monaten spielt, sitzen nicht neben „*Gamer*".

5. Jemand spielt ein Lebenssimulationsspiel, aber weder auf dem Laptop von Cobbage, noch auf dem von Escarole.

6. Einer zockt 102 Stunden pro Woche und jemand anderes 78 Stunden pro Woche. Zwischen ihnen sitzt ein anderer Spieler.

7. Jemand hat den Laptop der Marke Arugula und spielt seit 47 Monaten. Er sitzt neben „*Gamer*", aber nicht neben „*BadBoy*".

8. Eine Mittelalterschlacht wird von jemand seit 63 Monaten gespielt. Jemand direkt vor ihm zockt einen Städtebau auf dem Horseradish Laptop.

9. „*PC-Girl*" sitzt zwischen „*Zockerbabe*" und dem, welcher seit 47 Monaten spielt.

10. Einer spielt seit 102 Monaten, der danach ist „*Flitzi*" und zockt seit 78 Monaten auf dem Escarole Laptop.

11. Jemand zockt 90 Stunden pro Woche auf dem Courgette Laptop, sein Nachbar spielt seit 63 Monaten.

2.28 Bäckerei

Isabell hatte heute in ihrer Bäckerei fünf Großbestellungen. Bekannt sind die Nachnamen der Besteller. Alle wollten eine andere Brot-, Brötchen-, Torten-, Kuchen-, Plätzchen-Sorte und etwas Herzhaftes.

Was bestellte Aldrin?

1. Die Bestellung von Mosby beinhaltete Sesambrötchen und das Schinkenkäsebrötchen.

2. Zwischen der Bestellung mit dem Fladenbrot und der Bestellung mit der Erdbeertorte sind zwei andere Bestellungen. In keiner dieser sind Quarkkuchen oder Cookies enthalten.

3. Die Brezeln wurden von Scherbatsky bestellt. Die Bestellung davor war mit Butterplätzchen.

4. Jemand wählte Apfelkuchen und die Nugattorte. Die Roggenbrötchen gehören nicht dazu.

5. Eriksen wollte keine Schwarzwälder-Kirschtorte.

6. Stinsons Bestellung war die erste. Zwiebelbrot oder Weizenbrötchen wollte er nicht.

7. Die Person, die Pizzabrötchen wählte, wollte auch Zitronentorte. Zwei Bestellungen davor wollte jemand Käsebrötchen.

8. Aldrin wählte Vanillekipferl und Mischbrot. Davor bestellte jemand Sahnetorte und Dinkelbrötchen.

9. Jemand nahm die Zimtplätzchen und jemand die Schokoladenplätzchen. Zwischen denen war eine andere Bestellung. Niemand von ihnen wollte Laugenstangen.

10. Jemand bestellte Selterskuchen nachdem drei Bestellungen zuvor die Vollkornbrötchen mit dem Streuselkuchen bestellt wurden.

11. Das Dinkel-Roggenbrot wurde nicht zusammen mit dem Mohnkuchen gewählt.

12. Zu der Bestellung mit den Dinkelbrötchen gehört auch das Weißbrot.

2.29 Feierlichkeiten

Fiona war letztes Jahr auf sechs verschiedenen Feierlichkeiten. Zu jeder Feier brachte sie einen anderen Salat mit. Sie machte verschiedene Geschenke und dazu jeweils Blumen und eine andere Schokoladensorte.

Welches Geschenk mit welchen Blumen schenkte sie zur Jugendweihe?

1. Den Kinogutschein verschenkte sie mit einen Strauß Tulpen und Vollmilchschokolade.
2. Zur Einschulung machte sie einen griechischen Salat.
3. Sie schenkte jemandem Goldmünzen. Zur Feier danach schenkte sie Lilien und ein Kaffeeservice.
4. Zur dritten Feierlichkeit machte sie einen Tomatensalat. Die Feier davor war eine Jugendweihe.
5. Zwischen der Babyparty und dem Geburtstag verschenkte sie Nelken mit Edelschokolade.
6. Das Fotobuch schenkte sie zur Verlobung. Dazu gab es weder Nussschokolade, noch weiße Schokolade.
7. Mit Rosen und Zartbitterschokolade verschenkte sie den Gutschein für eine Drogerie.
8. Als sie den Wurstsalat mitbrachte verschenkte sie auch einen Kaktus. Es war vor der Jugendweihe.
9. Einmal schenkte sie Nugat, ein anderes Mal Orchideen. Diese Feiern liegen am längsten auseinander. Keine der beiden war die Hochzeit.
10. Einmal brachte sie einen Rote-Bete-Salat mit. Die Feier danach war eine Einschulung, wo sie Inliner schenkte.
11. Einmal machte sie einen Nudelsalat und einmal einen Couscoussalat. Es war nicht direkt hintereinander. Beides war nicht zu der Feier, als sie die Zartbitterschokolade verschenkte.
12. Die Geburtstagsfeier war direkt vor der Einschulung.

2.30 Salate

Es stehen sechs Leute bei einem Kochkurs nebeneinander. Als Vorspeise gibt es Salat. Jeder der sechs Salate besteht jeweils aus einer grünen und einer roten Gemüsesorte. Außerdem befinden sich in jedem Salat eine spezielle Zutat sowie ein anderes Dressing.

Welches Dressing wird im ersten Salat verwendet?

1. Timo steht nicht an erster und nicht an letzter Stelle. Er verarbeitet die Gurke und den Schinken. Sein Dressing ist nicht French.

2. Jemand nimmt das Joghurtdressing. Zwei Plätze rechts daneben gibt es Radieschen und Eisbergsalat.

3. Anton steht neben William. Beide haben weder Spinat, rote Paprika, noch das Knoblauchdressing im Salat.

4. Odeth steht links von Karmen und rechts von Anton.

5. Ein Salat besteht aus roter Bete, Croutons und grünem Paprika. Links daneben gibt es Chili und als spezielle Zutat Hähnchenstreifen.

6. Jemand nimmt Parmesan, die Person rechts daneben Hirtenkäse und die Person danach Tomaten und Schinken.

7. Zwischen dem Salat mit dem Honig-Senfdressing und dem Currydressing stehen zwei andere Personen. Eine davon ist Odeth.

8. Udo verwendet Eier. Er hat nur einen Nachbarn. Weder Rucola, noch das Currydressing sind in seinem Salat.

9. Die Person mit den Erbsen und die Person mit den Kidneybohnen stehen am weitesten auseinander. Es sind weder Timo, noch Karmen.

10. Das Essig-Öldressing wird rechts vom Frenchdressing verarbeitet.

2.31 Film & TV

Sechs Studenten wollen Schauspieler werden und müssen bei dem Bewerbungsgespräch nacheinander folgende Fragen beantworten: Lieblingsserie, Lieblingsfilm, Lieblingscomicfigur, Lieblingsschauspieler und den bevorzugten TV-Sender.

Jemand mag den Luchs Lenni als Comicfigur. Welche Serie und welchen Film mag der Student, welcher danach befragt wurde?

1. Der Student, welcher FuS als Lieblingssender hat, mag auch die Serie, bei welcher es um Physiker geht.

2. Der Schauspieler Duhammel wird von dem gemocht, welcher zuletzt zum Gespräch war.

3. Einer mag den Film, bei welchem ein Mann von einer Spinne gebissen wird und als Comicfigur gefällt ihm Ameise Anni. Der Student danach mag die Schauspielerin Knightley und die Serie, bei welcher es um zwei Brüder und des Einen Sohn geht.

4. Der Film über eine verbotene Liebe zweier Tänzer wurde direkt nach dem Film über gezüchtete Dinosaurier geantwortet. Beide haben KeS nicht als Lieblingssender.

5. Einer mag Elefant Enni als Figur, Schauspielerin Diaz und die Serie, bei welcher ein Vater die Mutter seiner Kinder kennenlernt. Er wurde als vierter befragt. Der Film über ein sinkendes Schiff ist nicht sein Lieblingsfilm.

6. Einer mag den Schauspieler Gosling, einer mag die Schauspielerin Rodriguez. Beide haben MiG und FuS nicht als bevorzugten Sender. Außerdem wurden zwischen ihnen drei andere Studenten befragt.

7. Die Comicfigur Fliege Fulli wird von dem gemocht, welcher als Lieblingsfilm die Geschichte eines magischen Rings hat. Er mag weder TaP, noch RoB, noch MiG als Sender.

8. Die Person, welche NeL am liebsten einschaltet, mag die Serie über einen Moderator einer Heimwerksendung und seiner Familie.

9. Einer mag die Serie über zwei Kellnerinnen und die Comicfigur Schlange Sanni, der Student direkt davor mag die Serie über junge angehende Ärzte und Bär Bonni als Figur.

10. Jemand mag den Schauspieler Neeson und den Film über verfluchte Piraten, aber KeS schaut er nicht so gern.

2.32 Gerichte

Nina bereitete jeden Tag der Woche (Montag - Sonntag) ein anderes Gericht zu, bestehend aus jeweils drei verschiedenen Zutaten. Alle Gerichte wurden mit einen anderen Gewürz verfeinert. Zu jedem Gericht gab es ein anderes Getränk.

Was gab es am Mittwoch zu essen und zu trinken?

1. Am Samstag gab es Erdbeeren, Pudding und als Gewürz Vanille. Die dritte Zutat war weder der Grießbrei, noch Nudeln, noch Reis.

2. An einem Tag gab es Cola als Getränk. Zwei Tage später gab es Pizzateig, Salami und Goudakäse.

3. Zu dem Gericht mit Pfeffer als Gewürz gab es Mischgemüse. Das war nicht am Freitag, nicht am Samstag und nicht am Sonntag.

4. Am Tag, bevor es Pommes und Curry als Gewürz gab, gab es Radler als Getränk.

5. Ein Gericht bestand aus Nudeln, Sahnesoße und Hackfleisch. Das Gewürz war nicht Oregano. Das war nicht am Donnerstag.

6. Zwischen dem Gericht mit Sauerkraut und dem Gericht mit Tomatensoße wurde Tortenboden verwendet. Alles fand nicht am Mittwoch und nicht am Donnerstag statt.

7. Den Kakao gab es als Getränk zu der Bratwurst und Muskat als Gewürz.

8. Einmal waren die Zutaten Milch und Honig, das Getränk dazu war Zitronenlimonade. Vier Tage später war Kakao das Getränk.

9. Sekt gab es einen Tag, nachdem es das Zitronenwasser gab.

10. Die Sahnesoße wurde mit Kümmel gewürzt. Es war nach der Mahlzeit mit der Zutat Milch.

11. Das Hähnchenfleisch mit Reis wurde nicht mit Zimt gewürzt.

12. Das Gewürz Oregano wurde einen Tag nach dem Gewürz Pfeffer verwendet.

13. Das Kartoffelpüree gab es nicht am Montag.

14. Die Wiener gab es mit dem Orangensaft, die beiden anderen Zutaten waren weder Nudeln, noch Kartoffelpüree.

2.33 Rechtschreibungen

Fünf Schüler der Klasse 8 mussten ein Diktat schreiben welches nun von der Lehrerin nacheinander kontrolliert wird. Die Wörter *Stracciatella*, *Dekolletè*, *nichtsdestotrotz*, *Portemonnaie* und *Relativitätstheorie* wurden von jedem Schüler unterschiedlich geschrieben.

Welcher der Schüler hat die meisten Wörter richtig geschrieben?

1. Matthias schrieb „*Decoltte*" und „*nichtdestotrotz*".

2. Jemand schrieb „*Porttmonaie*", zwei Schüler später wurde „*Portmonai*" geschrieben und danach schrieb ein anderer Schüler „*Straciatella*".

3. Zwischen „*Relativitätsteorie*" und „*Relativitetstheorie*" wurde „*Portmonee*" geschrieben.

4. Kristins Diktat wurde als zweites kontrolliert. Direkt nach ihr kam ein anderes Mädchen zur Kontrolle.

5. Christina schrieb „*Dekollette*" und „*nichtdestotrot*". Drei Diktate später schrieb ein Junge" *Relativitätstheorie*".

6. Mathias wurde zwei Diktate nach Christin kontrolliert. Die Schreibweise „*Stracciadella*" ist von keinem der beiden.

7. Die Person, die „*Portemonnaie*" und „*Decolletè*" schrieb, ist dieselbe.

8. Jemand schrieb „*Realivitätstheorie*", die Person danach „*Portmonnee*" und die Person danach schrieb „*Dekoltte*".

9. Ein Junge schrieb „*nichtsdestotrotz*". Drei Schüler davor wurde „*Relativitätstheori*" und „*nichtdestodrotz*" geschrieben.

10. Christin schrieb „*Straciatela*" und „*nichtdesdotrotz*". „*Dekolletè*" ist nicht von ihr.

11. „*Stracciatela*" wurde von einem Mädchen geschrieben und „*Stracciatella*" von einem Jungen.

2.34 Cocktails

Sechs Freunde sitzen in einer Bar an der Theke nebeneinander und haben sich jeweils einen anderen Cocktail mixen lassen. Jeder Drink hat einen anderen Namen, jeweils andere Alkoholsorte, andere Säfte und andere Sirupsorten. An jedem Cocktail ist eine andere Frucht zur Dekoration am Glasrand.

Welche Alkoholsorte hat der Cocktail mit der Orange am Glasrand?

1. Ein Cocktail ist mit Birnensaft, der danach ist mit Bananensaft und der danach ist mit Cranberrysaft.
2. Neben dem „Malibu" steht nur ein anderer Cocktail.
3. Die Zitrone zur Deko ist am „Flower". Er ist mit Ahornsirup und Cognac.
4. Der Schokoladensirup ist im letzten Drink. Vier Getränke davor ist der „Tropic" mit Absinth.
5. Der Cocktail mit Traubensaft ist auch mit Waldmeistersirup. Es wurde im ersten Drink verarbeitet.
6. An einem Getränk ist eine Melone zur Deko, zwei Drinks rechts daneben ist der „Wonder" mit Vodka und einer Physalis am Glasrand.
7. Vor dem Drink mit Zuckersirup ist einer mit Kokossirup.
8. Der Apfelsaft ist direkt vor dem Erdbeersaft verwendet worden, aber hinter dem „Flower" und hinter dem „Exotica".
9. Der Likör und der Waldmeistersirup wurden im gleichen Cocktail verarbeitet. Zur Deko ist eine Limette am Glas.
10. Vor dem Drink mit Rum ist eine Ananas am Glas.
11. Der Pfefferminzsirup ist weder im zweiten Drink, noch heißt er „Flower".
12. Der „Dream" ist mit Whisky.

2.35 Regisseure

Sechs Newcomer Regisseure entwarfen nach und nach jeweils einen anderen Film mit jeweils zwei Hauptpersonen. Die Namen der Regisseure und der eigentliche Beruf sowie das gewählte Genre der Filme sind bekannt.

Welche Hauptdarstellerin spielt in Zoeys Film mit? Wenn Lawrence in einem anderen Film mitspielt.

1. Die Biografie machte mit Portman in einer weiblichen Hauptrolle den Schluss.
2. Amelie ist Kosmetikerin, in ihrem Film haben Herr Sandler und

   Frau Aniston die Hauptrollen. Fabienne war zwei Filme später fertig mit

   ihrem Film.
3. Das Drama der Mechanikerin wurde direkt vor dem Film mit Herr Adkins fertiggestellt.
4. Der Fantasy-Film war als drittes fertig. Zwei Filme später der Horrofilm.
5. Harald entwarf den Thriller.
6. Frau Farmiga spielt im Film des Piloten mit.
7. Zwischen dem Comedyfilm und dem Film mit Herr Gyllenhaal war Vincent der Regisseur.
8. Herr Depp war weder mit Kunis, noch mit Heigl im Film zu sehen. Die Beiden Frauen waren so nacheinander in unterschiedlichen Filmen zu sehen.
9. Zwei Filme vor dem Film mit Frau Lawrence spielte Cooper eine männliche Hauptrolle.
10. Phil arbeitet mit dem männlichen Schauspieler DiCaprio zusammen.
11. Der Stuntman heißt Vincent, er entwarf nicht den zweiten Film.
12. Direkt nach dem Horrorfilm der Anwältin entwarf der Polizist seinen Film.

2.36 Schimpfwörter

In einer Schulwoche (Montag – Samstag) wurde an jedem Tag ein anderer Schüler für ein anderes Schimpfwort von jeweils einem anderen Lehrer mit einer anderen Strafe bestraft. Die Namen der Schüler und deren Klasse sind bekannt.

Für welches Schimpfwort wurde Octavia von welchem Lehrer bestraft?

1. Die Strafe Nachsitzen wurde am Donnerstag vom Lehrer O`Kelly gegeben.

2. Ein Schüler aus der Klasse 8b nannte das Wort „Klops".

3. Zwei Tage, nachdem Owen ein Schimpfwort aussprach, wurde das Wort „Spaten" von jemandem aus Klasse 9a gesagt.

4. Für das Wort „Affe" gab es weder extra Hausaufgaben, noch den Abwaschdienst als Strafe.

5. Jemand aus Klasse 9b wurde vom Lehrer O`Sullivan mit dem Tafeldienst bestraft. Schüler Oscar wurde am Samstag bestraft.

6. Lehrer O`Connor bestrafte jemand aus Klasse 8a wegen dem Wort „Esel" mit der Essensausgabe.

7. Oriana ist weder in der Klasse 7b, noch in der 8a. Sie wurde nicht von Lehrer O'Brien bestraft.

8. Jemand aus Klasse 7a wurde wegen dem Wort „Trottel" bestraft. Einen Tag später bestrafte Lehrer O`Carroll den Schüler Oscar mit der Pausenaufsicht.

9. Ole sagte „Idiot" einen Tag nachdem Orlanda wegen dem Wort „Spaten" von Lehrer O'Neill bestraft wurde.

2.37 Dienste

Bei einer Security Firma arbeiteten diese Woche (Montag – Freitag) immer drei Leibwächter (Frueh- und Spaet- und Nachtschicht). Jeden Tag war eine andere Veranstaltung an jeweils einer anderen Location. Außerdem war jeden Tag ein Lehrling dabei, mit welchem täglich ein anderes Thema besprochen wurde.

Welche drei Leibwächter hatten Schicht, als die Neueröffnung stattfand?

1. Im Kino fand ein Konzert statt. An diesem Tag hatte Elke eine Spaetschicht.
2. Das Thema „*Pfefferspray*" wurde an dem Tag besprochen, als Nina und Friedrich Dienst hatten.
3. An einem Tag hatte Carmen Nachtschicht und Austin Spaetschicht. Zwei Tage zuvor hatte Sophie Spaetschicht. Beides war nicht zur Neueröffnung.
4. Als im Supermarkt eine Veranstaltung war, wurde das Thema „*Arbeitsbekleidung*" besprochen. Weder Ralf, noch Ulli hatten da ihre Fruehschicht.
5. Alina hatte am Dienstag Nachtschicht und eine Autogrammstunde. Pascal hatte am selben Tag ebenfalls Dienst.
6. Enno lernte mit den Lehrlingen das Thema „*Körperhaltung*". Einen Tag später hatte Heidi Fruehschicht und Tina Spaetschicht. Keine von ihnen hatte die Veranstaltung im Park.
7. An einem Tag war ein Dorffest, den Tag danach war eine Veranstaltung in einer alten Fabrik, und den Tag danach war eine Disco im Stadion.
8. Tobi hatte am Freitag die Schicht nach Tina. Mehr als zwei Tage zuvor war das Lehrlingsthema „*Muttizettel*".
9. Hugo hatte seine Nachtschicht nicht an dem Tag, als das Thema der Lehrlinge „*Körperkontakt*" war.

2.38 Reparaturen

Die Mechatronikerin Michelle hatte heute im Zweistundentakt ab 08:00 Uhr fünf Autos zur Reparatur. Alle Autos haben einen unterschiedlichen Kilometerstand. Außerdem musste immer etwas Anderes ersetzt werden. Die Fahrer bezahlten die Rechnungen anschließend auf jeweils eine andere Weise.

Um welche Uhrzeit wurde die Rechnung nicht bezahlt?

1. Bei dem Termin um 12:00 Uhr musste die Windschutzscheibe erneuert werden.

2. Die Batterie war an dem Auto defekt, welches 250000 Kilometer runter hat. Die Rechnung wurde nicht bar beglichen. Die Barzahlung war vor 16:00 Uhr.

3. Der Stand von 180000 Kilometern ist an dem Auto, welches 16:00 Uhr zur Reparatur kam. Die Rechnung wurde bezahlt.

4. Jemand schrieb eine Überweisung.

5. Bei einem Auto war der Motor kaputt. Das Auto danach hat eine Laufleistung von 12000 Kilometern, und zwei Autos danach musste der Kabelbaum ersetzt werden.

6. Irgendwann vor 14:00 Uhr wurde das Auto repariert, welches 50000 Kilometer runter hat. Es wurde bezahlt, aber nicht per EC-Karte.

7. Ein Auto ist bisher 2000 Kilometer gefahren. Die Handbremse war bei einem anderen Auto defekt. Keines der beiden Autos war der 16:00 Uhr Termin.

8. Zwei Aufträge nach dem 08:00 Uhr Termin wurde die Rechnung per Scheck beglichen. Direkt davor per Überweisung.

2.39 Rabatte

Sechs befreundete Technikfans kauften heute nacheinander jeweils ein elektrisches Gerät. Alle Geräte sind rabattiert. Die ursprünglichen Kaufpreise, sowie der Preis nach den Rabatten sind bekannt. Alle Preise und Rabatte (%) sind auf die zehntel gerundet.

Wie viel haben alle sechs Geräte vorher und nachher gekostet?

1. Das Navigationsgerät hat nach Abzug von 63% nur noch 129 Euro gekostet.

2. Auf die Drohne gab es 46% Preisnachlass. Bei dem Gerät, welches davor gekauft wurde, gab es 12% Ermäßigung.

3. Als erstes wurde das Notebook für 999 Euro erworben. Der eigentliche Preis war 1298 Euro.

4. Ein Gerät war vor dem Rabatt bei 4282 Euro. Das Gerät, welches wiederum davor gekauft wurde, kostete ursprünglich 94 Euro.

5. Jemand erwarb eine Spiegelreflexkamera für 769 Euro nach Abzug des Rabattes. Der eigentliche Preis war 874 Euro. Erst die Geräte, welche nach dieser Spiegelreflexkamera gekauft wurden, sind um mehr als ein Viertel des eigentlichen Kaufpreises rabattiert.

6. Auf eins der Geräte gab es 28% Rabatt. Das Gerät, welches danach erworben wurde, kostete nach Abzug von 32% nur noch 2912 Euro.

7. Jemand kaufte die Soundbar. Die Person davor eine Tablet und die Person davor zahlte nach Nachlass nur noch 288 Euro.

2.40 Wäscheleinen

Die vier Hausfrauen Klara, Konni, Kerstin und Krista haben auf ihren jeweils drei Wäscheleinen drei unterschiedliche Kleidungsstücke zum Trocknen in den Garten gehängt. Manche der Frauen haben die gleichen Kleidungsstücke auf der Leine, aber dann jedoch in einer unterschiedlichen Menge.

Nur eine der Frauen hat insgesamt 8 Kleidungsstücke auf ihren Leinen.

Welche ist es?

1. Die vier Hemden und die zwei Jacken sind jeweils auf der dritten Leine. Aber nicht bei Klara.
2. Bei Kerstin sind weder Hosen, noch Blusen, noch Hemden auf der Leine.
3. Die zwei Handtücher und die drei Hosen hängen bei der gleichen Frau, jedoch nicht bei Kerstin und nirgends auf der ersten Leine.
4. Konni hat keine Schürze und keine zwei Handtücher aufgehängt. Die Schürze hängt auf Leine eins bei einer anderen der Hausfrauen.
5. Jemand hat auf Leine eins eine Hose und auf Leine zwei eine Bluse. Es ist nicht bei Kerstin.
6. Die drei Hosen sind nicht bei der Frau, welche die zwei Slips auf der dritten Leine hat.
7. Dort, wo die zwei Socken auf Leine zwei hängen, sind keine drei Blusen. Die drei Blusen sind bei einer anderen Frau auf Leine eins.
8. Krista hat weder zwei Jacken, noch zwei Socken, noch vier Socken bei sich.
9. Die eine Weste hängt auf Leine zwei. Es ist nicht bei Kerstin und nicht bei der Frau, welche die drei Blusen bei sich hat.
10. Konni hat keine Socken und keine Weste.

3.Lösungen

Es gibt viele Wege, um auf die hier **dick** markierte Lösung zu gelangen. Es ist dadurch möglich, dass mehrere Fakten für ein Lösungsfeld in Frage kommen.

Aber solange du die Fragen richtig beantworten kannst ist der Weg dahin doch egal :)

3.1.1 Drucker

Position	1	2	3	4	5
Farbe	grau	rot	weiß	**schwarz**	blau
Name	Roland	Yvonne	Meike	Tim	Sven
Blätter	2	4	7	8	5
Ausdruck	Tabelle	Witze	Bauanleitung	Kurzgeschichte	Rezepte

3.1.2 Bäume

Position	1	2	3	4	5
Baum	Birke	Ahorn	Kastanie	Eiche	Buche
Umfang	112cm	208cm	152cm	**187cm**	134cm
Vogelhaus	gelb	rot	grün	orange	blau
Gravur	E&F/G&H	A&B	I&J	C&D	E&F/G&H

3.1.3 Bücher

Jahr	2007	**2008**	2009	2010
Art	Rätselbuch	Kochbuch	Roman	Lexikon
Seiten	55	77	444	222
Größe	21x21cm	**21x15cm**	12x19cm	19x27cm
Einband	Paperback	Ringbuch	Hardcover mit Schutzumschlag	Hardcover ohne Schutzumschlag

3.1.4 Preisvergleiche

Position	1	2	3
Nachnamen	**Vogel**	Fuchs	Wolf
Miete	449Euro	467Euro	458Euro
Wasser-/Abwasser	64Euro	63Euro	62Euro
Strom	36Euro	37Euro	38Euro
Gesamt	549Euro	567Euro	558Euro

3.1.5 Lokales

Seite	1	2	3	4
Thema	Landtagswahlen	Eröffnung Theater	Wettervorhersage	Schließung Theater
Name	Hertha	Volker	Gunnar	Frauke
Schrift	Times New Roman	Arial/ Courier New	**Georgia**	Arial/ Courier New
Wort	Ist	die	und	der

3.1.6 Texträtsel

Position	1	2	3	4	5
Name	Bäume	Preisvergleich	Bücher	Drucker	**Lokales**
Lösung	Molly	Deutschland	grün	1712Euro	Platz6
Sätze	9	12	11	14	6

3.1.7 Lieselotte

Wochentag	Montag	Dienstag	Mittwoch	Donnerstag	Freitag
Tier	Schwan	Wildhase	Schildkröte	Katze	Fuchs
Futter	Brötchen	Gras	Wiesenblume	Joghurt	Wurst
Gefühl	erwünscht	fürsorglich	gelassen	**stolz**	dankbar

3.1.8 Kontakte

Name	Lovely	Schnitte	Honey	Süße
Mobilnummer	0123-7465/ 0123-6547	0123-4567	0123-6547/ 0123-7465	0123-5764
Festnetznummer	**0321-4657**	0321-6754	0321-5647	0321-7645
Kennengelernt	Supermarkt	U-Bahn	Chatportal	auf Arbeit

3.1.9 Katzen

Alter	1 Jahr	2Jahre	3Jahre	4Jahre
Rasse	Britisch Kurzzhaarkatze	Bengalkatze	Wildkatze	Hauskatze
Futter	Trockenfutter	in Soße	in Gelee	Veganes Futter
etwas Dummes	Vase herunter geworfen	Türen geöffnet	Blumen gefressen	Mittagessen geklaut
Schlafplatz	**Sofadecke**	Küchenstuhl	Kratzbaum	Waschmaschine

3.1.10 Markt

Gruppe	Rentner	Jungs	Kleinkinder	Frauen
Wie viel?	2	3/4/5	6	3/4/5
Wo?	Bank	Telefonzelle	Springbrunnen	Schaufenster
Was?	Eis	Handy	**Keks**	Tüten

3.2.1 Familien

Position	1	2	3	4	5	6
Vater	Gustav	Egon	Stefan	Olaf	Ludwig	Frank
Mutter	Ute	Susanne	Katrin	Anne	Sabine	Ines
Geschwister	**Ulli & Marie**	Sophie & Sarah	Markus & Marcel	Theo & Bruno	Juliane & Milla	Magdalena & John
Hobby	Kochen	reiten	Angeln	Motorrad	Tennis	lesen
Rasse	Labrador	Schäferhund	Neufundländer	Border Collie	Golden Retriever	Bernersennen

3.2.2 Urlauber

Monat	Februar	März	Juli	September	Oktober	Dezember
Land	Italien	England	Kroatien	Norwegen	Spanien	Schweiz
Dauer	12Tage	8/21Tage	21/8 Tage	14Tage	7Tage	5Tage
Aktivität	Fall-schirm-sprung	Trekking-Tour	Bier-verkostung	**Ballonfahrt**	Quad-Tour	Musical
Unter-kunft	Schloss	Bungalow	Ferienhaus	Apartment	Haus-boot	Hotel
Mit-bringsel	Edel-steine	Schlüssel-anhänger	Muscheln	Kuscheltiere	T-Shirts	Armband

3.2.3 Bilder

Position	1	2	3	4	5	6
Name	Elisabeth	Karl	Barbara	Auguste	Joachim	Ernst
Höhe	100cm	85cm	147cm	112cm	93cm	125cm
Form	Quadrat	Oval	Dreieck	Parallelo-gramm	Rechteck	Rhombus
Rahmen	grün	gold	bronze	rot	braun	silber
Motiv	Menschen	Wald	Blumen-wiese	Silhouette	Bahnhof	Wasserfall

3.2.4 Kennenlernen

Position	1	2	3	4	5	6	7
Name	Kevin	Danny	Florian	Tommy	Paul	**Benjamin**	Georg
Wohn-ort	Kremen	Kreiburg	Kuhl	Kachen	Keuss	Kürzburg	Kainz
Fahr-zeugtyp	Van	Trans-porter	Klein-wagen	Cabrio	Gelände-wagen	Kombi	Limousine
Gut	pünkt-lich	ordent-lich	ehrlich	hilfs-bereit	Humor-voll	treu	Höflich
schlecht	Reizbar	toll-patschig	un-kreativ	un-pünktlich	zickig	frech	Un-ordentlich

3.2.5 Einkaufsläden

Position	1	2	3	4
Geschäft	Bekleidungsgeschäft	Lebensmittelladen	Schreibwarenladen	**Dekoladen**
Kunden	200	387	98	112
Geld	3287Euro	7742Euro	1999Euro	2798Euro
Vorname	Stefanie	Heinrich	Manuela	Normen
Nachname	Schmidt	Müller	Richter	Schulze

3.2.6 Schüler

Position	1	2	3	4	5	6
Märchenfigur	Prinzen	Zauberer	Feen	Fabeltiere	Zwerge	Hexen
Essen	Pizza	Burger	Milchreis	Nudeln	Döner	Pommes
Fach	Erdkunde	Sport	Musik	Mathe	Deutsch	Kunst
Haustier	Hase	Vogel	Hund	Pferd/Schlange	Schlange/Pferd	Katze
Talent	Dichten	backen	tanzen	Klavier Spielen	basteln	russisch sprechen

3.2.7 Verspätungen

Position	1	2	3	4	5	6
Name	Ignatz	Ingolf	Irma	Irene	Isabella	Ingo
Minuten	39Min.	73Min.	84Min.	65Min.	71Min.	92Min.
Bahnhof	Ystadt	Lstadt	Fstadt	Bstadt	Ustadt	Qstadt
Grund	Signalstörung	Weichenstörung	Polizeieinsatz	**Blockstörung**	Witterung	Kabel-Diebstahl
Zugnummer	1293	1237	1248	1256	1217	1229

3.2.8 Wetter

Wochentag	Montag	Dienstag	Mittwoch	Donnerstag	Freitag	Samstag	Sonntag
Wie?	sonnig	windig	Gewitter	Regen	bewölkt	heiß	Schwül
HW	25°C	23°C	20°C	17°C	21°C	32°C	**28°C**
TW	12°C	10°C	7°C	6°C	9°C	27°C	**19°C**
NSW	20%	40%	90%	100%	50%	10%	70%

3.2.9 Wohnhaus

Etage	Nachname	Möbelhaus	Holzart	Raum in Blau	Haustier
6	Regner	Gestaltungsflair	Kirschbaum	Schlafzimmer	Balu
5	Meiner	Inventarzauber	Nussbaum	Küche	Diva
4	Wagner	Hausratsvielfalt	Eiche	Wohnzimmer	Kitty
3	Andrews	Einrichtungsträume	Buche	Kinderzimmer	Sammy
2	Haffner	Kreativmobilar	Birke	Badezimmer	Tiger
1	**Janssen**	Ausstattungskram	Kernesche	Flur	Goldy

3.2.10 Tattoos

Wochentag	Montag	Dienstag	Mittwoch	Donnerstag	Freitag
Name	Benny	Theresa	Jasmin	Amanda	Emil
Motiv	**Löwe**	Blumen	Mandala	Prinzessin	Tribal
Körperteil	Wade	Rücken	Hand	Oberschenkel	Arm
Farbe	braun	rot	weiß/orange	rosa	grün
Farbe	weiß/orange	magenta	blau	gelb	schwarz
Dauer	7Stunden	6Stunden	2Stunden	4Stunden	9Stunden

3.2.11 Parkhaus

Position	1	2	3	4	5	6
Motorrad	Motocross	Chopper	Supermoto	Tourer	Enduro	Pocket Bike
Farbe	Gold	Schwarz/ blau	silber	schwarz/ blau	rot	grau
Kennzeichen	L	N	K	H	B	M
Zu Hause	Wohnung	Loft	Villa	Haus	Schloss	Hausboot
Beruf	Architekt	Pilot	Lokführer	Zöllner	Schweißer	Ingenieur

3.2.12 Essen

Position	1	2	3	4	5
Gerichte	Tomateneintopf	Hühnerfrikassee	**Spaghetti Carbonara**	Grießbrei	Lasagne
nicht mögen	Chili	Sushi	Pilze	Pfeffer	Meerrettich
Fastfood	Fischbrötchen	Hot Dogs	Döner	Currywurst	Pizza
Getränk	Cola	Radler	Fassbrause	Tee	Heiße Schokolade
Knabberei	Salzstangen	Nüsse	Flips	Nachos	Chips
Süßigkeit	Marzipan	Cornflakes	Nugat	Schokolade	Zuckerwatte

3.2.13 Hochzeiten

Position	1	2	3	4	5
Braut	Mara	Mia	Luna	Louisa	Letti
Bräutigam	Lasse	Lenny	Marco	Marvin	Malte
Motto	blau-rosa	rot-gelb	grün-Weiß	**gold-silber**	orange-lila
Torte	Nugattorte	Erdbeertorte	Zitronentorte	Marzipantorte	Mandarinentorte
Location	Schiff	Restaurant	Garten	Schloss	Rittergut
Geschenk	Auto	Pool	Hund	Fernseher	Urlaub

3.2.14 Namen

Position	1	2	3	4	5
Mann	Julian	Simon	Linus	Alexander	Enno
Frau	Lea	Juna	Hannah	Nora	Amelie
Jungenname	John	Finn	Liam	Elias	Tristan/Luca
Jungenname	Nino	Tristan/Luca	Lou	Justus	Fiete
Mädchenname	Lina	**Ella**	Mila	Mia	Emma
Mädchenname	Clara	**Elara**	Mathea	Leandra	Kiara

3.2.15 Sandwiches

Position	1	2	3	4	5	6
Brot	Honigbrot	Vollkorn-brot	Sesambrot	Weißbrot	Oreganobrot	Fladenbrot
Fleisch	Schinken	Thunfisch	Hähnchen	Salami	Pulled Pork	Rippchen
Käse	Gouda	Cheddar	Mozzarella	Frischkäse	Schmelzkäse	Emmentaler
Soße	Knoblauch	Joghurt	Zwiebelsoße	Mayonnaise	Rauchige Soße	Chilisoße
Gemüse	Zwiebel	Saure Gurke	Oliven	Peperoni	**Tomate**	Paprika

3.2.16 Diäten

Position	1	2	3	4	5	6
Gemüse	Kohlrabi	Möhre	Eisberg	Tomate	Gurke	Zucchini
Obst	**Erdbeere**	Mango	Brombeere	Melone	Banane	Himbeere
Tee	Ingwertee	Fencheltee	Grüner Tee	Pfeffer-minztee	Brennesel-tee	Zitronen-Melissen Tee
Kilos	9	15	6	12	4	7
Größe	L	XL	S	XXL	XS	M

3.2.17 Stadt-Land-Fluss

Position	1	2	3	4	5
Vogel	Gänsegeier	Grauspecht/ Grünspecht	Grünfink	Grauspecht/ Grünspecht	Goldammer
Pflanze	Gänse-blümchen	Ginger	Gummibaum	Glücksklee	Gras
Fluss	Gail	Green River	Gera	**Godavari**	Ganges
Schimpfwort	Gauner	Gemeini	Gangster	Glubschi	Gnom
Tatwaffe	Gießkanne	Gift	Goldbarren	Gewehr	Glasscherbe
Trennungsgrund	Gaffer	geht fremd	Gras rauchen	Geiz	Geld geklaut

3.2.18 Handwerker

Position	1	2	3	4	5	6
Beruf	Maler & Lackierer	Metall-bauer	Straßen-bauer	**Zimmerer**	Geräte-fahrer	Dachdecker
Werkzeug	Pinsel	Ausbeul-zange	Kabel-messer	Hobel	Kombi-hammer	Säge
elektr. Gerät	Feinsprüh-gerät	Schweiß-gerät	Lasermess-gerät	Bohr-maschine	Joy-Stick	Abrollgerät
gelernter Beruf	Konditor	Erzieher	Landwirt	Dolmetscher	Florist	Bauzeichner
Musikstil	Jazz	Pop	Rock'n'Roll	Techno	Oldies	Volksmusik

3.2.19 Kleidung

Position	1	2	3	4	5	6
Kleidungs-stück	T-Shirt	Turnschuhe	Jogging-hose	Hemd	**Jacke**	Jeanshose
Kleidungs-stück	Rock	Windbreaker	Socken	Unterhemd	**Schlafanzug**	Latzhose
Kleidungs-stück	Kleid	Leggins	Tanktop	Bikini	**Pullover**	Bluse
Marke	Sieht-gutaus	Machdich-schick	Fühl-dichwohl	Kleide-dichein	Sehr-elegant	Fürallewas-dabei
Gesamt-summe	125Euro	207Euro	89Euro	170Euro	212Euro	73Euro

3.2.20 Zugabteil

Reihe	Name	Begleitung	Ticket	Ziel	Blödes
1	Frieda	Mann	Ferienticket	Paris	rauchen im Zug
2	Milan	Schwester	Wochenendticket	Warschau	ungültiges Ticket
3	Lena	Kind	Tagesticket	**Amsterdam**	laute Musik
4	William	Frau	Sparticket	Bern	Beleidigungen
5	Rico	Mutter	Regioticket	**Prag**	Füße auf Sitzen
6	Paula	Vater	Einzelfahrkarte	Kopenhagen	nicht entwertet

3.2.21 Angebote

Wochentag	Montag	Dienstag	Mittwoch	Donnerstag	**Freitag**	Samstag
Markt	Online-handel	Kiosk	Super-markt	Dorfladen	Flohmarkt	Discounter
Haushalts-gerät	Staub-sauger	Gefrier-schrank	Geschirr-spüler	Wasch-maschine	**Kaffee-maschine**	Trockner
Parfüm	orien-talisch	herb	blumig/Zitrus	holzig	**tropisch**	Zitrus/blumig
Fort-bewegungs-mittel	Inliner	Hover-board	Fahrrad	Roller	**Skate-board**	Einrad
Garten	Tische&Stühle	Hollywood-schaukel	Sonnen-schirm	Hunde-zwinger	**Grill**	Pool

3.2.22 Kühlschranke

Position	1	2	3	4	5	6
Fleisch	Schwein	Rind	Lamm	Frosch	Kalb	Pute
Fisch	**Thunfisch**	Lachs	Aal	Forelle	Hering	Backfisch
Milch-produkte	Dickmilch	Butter	Sahne	Käse/Schmand	Käse/Quark	Quark/Schmand
Süßes	Eierkuchen	Schokoladen-creme	Honig	Pudding	Apfelmus	Marmelade
Öl	Distelöl	Sonnen-blumenöl	Olivenöl	Kokosöl	Rapsöl	Sojaöl

3.2.23 Bahnhof

Gleis	1	2	3	4	5
Ladung	Holz	Kohle	Benzin	Schotter	Personen
Länge	350m	620m	700m	540m	210m
Farbe	rot	blau	braun	grün	grau
Name	Ludwig	Conrad	Manfred	Thomas	**Paul**
Ziel	Zheim	Zhausen	Zburg	Zstadt	Zdorf

3.2.24 Pizzen

Position	1	2	3	4	5
Name	Anna	Alfred	Alex	Anne	Antonia
Belag	Hackfleisch	Salami	**Schinken**	Hähnchen	Thunfisch
Belag	Pilze	Ananas	**Brokkoli**	Tomate	Paprika
Käse	Mozzarella/ Parmesan	Gorgonzola	**Gouda**	Cheddar	Mozzarella/ Tomate
Geschmack	großartig/ so lala	gut	mittelmäßig	schlecht	großartig/ so lala

3.2.25 Werbefotos

Wochentag	Montag	Dienstag	Mittwoch	Donnerstag	Freitag
Ort	Frankfurt	Leipzig	München	Köln	Hamburg
Location	Hochhaus/ Strand	Strand/ Hochhaus	Wald	Villa	Flugzeug
Kleid	gold/rot	rot/gold	weiß	rosa	Grün
Gegenstand	Turnschuhe/ Tasche	Tasche/ Turnschuhe	Lippenstift	**Brille**	Schal
Wetter	heiß	Regen	wechselhaft	bewölkt	Windig

3.2.26 Autorennen

Platz	1	2	3	4	5	6	7
Farbe	bronze	**gold**	beige	grün	violett	silber	Blau
Typ	Ober-klasse	Sport-wagen	Pick-up	Luxus-limousine	Cabriolet	Mittel-klasse	Elektro-auto
PS	540	450	380	320	630	490	510
Höchst-Geschwindigkeit	330 km/h	340 km/h	280 km/h	410 km/h	270 km/h	190 km/h	420 km/h
Sekunden	0,8 sec	12 sec	0,7 sec	11 sec	15 sec	10 sec	0,9 sec

3.2.27 Zocker

Position	1	2	3	4	5	6
Name	Gamer	Flitzi	BadBoy	Zockerbabe	PC-Girl	MrSexy
Spiel	Lebens-simulation	Ballerspiel	**Städtebau**	Mittelalter-schlacht	Auto-rennen	Angel-spiel
Laptop	Lettuce	Escarole	Horseradish	Cobbage	Courgette	Arugula
h/Woche	59h	63h	**47h**	102h	90h	78h
Monate	102	78	59	63	90	47

3.2.28 Bäckerei

Position	1	2	3	4	5
Name	Stinson	Scherbatsky	Aldrin	Mosby	Eriksen
Brot	Fladenbrot	Weißbrot	Mischbrot	Dinkel-Roggenbrot/ Zwiebelbrot	Zwiebelbrot/ Dinkel-Roggenbrot
Brötchen	Vollkornbrötchen	Dinkelbrötchen	Weizenbrötchen	Sesambrötchen	Roggenbrötchen
Torte	Schwarzwälder-Kirschtorte	Sahnetorte	Nugattorte	Erdbeertorte	Zitronentorte
Kuchen	Streuselkuchen	Mohnkuchen	Apfelkuchen	Selterskuchen	Quarkkuchen
Plätzchen	Butterplätzchen	Zimtplätzchen	Vanille Kipferl	Schokoladenplätzchen	Cookies
Herzhaft	Laugenstange	Brezeln	Käsebrötchen	Schinkenkäsebrötchen	Pizzabrötchen

3.2.29 Feierlichkeiten

Position	1	2	3	4	5	6
Feier	Verlobung	Jugendweihe	Babyparty	Hochzeit	Geburtstag	Einschulung
Salat	Wurstsalat	Couscous-oder/ Nudelsalat	Tomaten-Salat	Couscous-oder/ Nudelsalat	Rote-Betesalat	Griechischer Salat
Geschenk	Fotobuch	Kino-Gutschein	Drogeriegutschein	Goldmünzen	Kaffeeservice	Inliner
Blumen	Kaktus	Tulpen	Rosen	Nelken	Lilien	Orchideen
Schokolade	Nugat	Vollmilch	Zartbitter	Edel	Nuss/ Weiße	Weiße/ Nuss

3.2.30 Salate

Position	1	2	3	4	5	6
Name	William	Anton	Odeth	Karmen	Timo	Udo
grünes Gemüse	Erbsen	Grüne Paprika	Eisberg	Rucola	Gurke	Spinat
rotes Gemüse	Chili	Rote Bete	Radieschen	Rote Paprika	Tomate	Kidneybohnen
Spezialzutat	Hähnchen	Croutons	Parmesan	Hirtenkäse	Schinken	Eier
Dressing	Joghurt	Honig-Senf	French	Essig-Öl	Curry	Knoblauch

3.2.31 Film & TV

Position	1	2	3	4	5	6
Serie	Moderator einer Heimwerk-sendung	zwei Brüder und der Sohn des Einen	Physiker	**Wie Vater Mutter kennen-lernt**	junge , angehende Ärzte	zwei Kellnerinnen
Film	Mann von Spinne gebissen	magischer Ring	verfluchte Piraten	**gezüchtete Dinosaurier**	verbotene Liebe zweier Tänzer	sinkendes Schiff
Comicfigur	Ameise Anni	Fliege Fulli	Luchs Lenni	Elefant Enni	Bär Bonni	Schlange Sanni
Schauspieler	Gosling	Knightley	Neeson	Diaz	Rodriguez	Duhammel
TV-Sender	NeL	KeS	FuS	MiG/TaP/RoB	TaP/RoB	RoB/TaP/MiG

3.2.32 Gerichte

Wochen-tag	Montag	Dienstag	Mittwoch	Donnerstag	Freitag	Samstag	Sonntag
Zutat	Grieß	Nudeln	**Reis**	Pizzateig	Kartoffel-püree	Torten-boden	Pommes
Zutat	Milch	Sahne-soße	**Misch-gemüse**	Gouda	Sauer-kraut	Pudding	Tomaten-soße
Zutat	Honig	Hack-fleisch	**Hähnchen-fleisch**	Salami	Bratwurst	Erdbeeren	Wiener
Gewürz	Zimt	Kümmel	**Pfeffer**	Oregano	Muskat	Vanille	Curry
Getränk	Zitronen-limonade	Cola	**Zitronen-wasser**	Sekt	Kakao	Radler	Orangen-saft

3.2.33 Rechtschreibungen

Position	1	2	3	4	5
Name	Christina	Kristin	Christin	Matthias	**Mathias**
	Stracciatela	Stracciadella	Straciatela	Straciatella	**Stracciatella**
	Dekollette	**Dekolletè**	Dekoltte	Decoltte	Decolletè
	nichtdesto-trot	nichtdesto-drotz	nichtdesdo-trotz	nichtdesto-trotz	**nichtsdesto-trotz**
	Porttmonaie	Portmonnee	Portmonai	**Portmonee**	**Portemonnaie**
	Realivitäts-theorie	Relativitäts-theori	Relativitäts-teorie	**Relativitäts-theorie**	Relativitets-theorie

3.2.34 Cocktails

Position	1	2	3	4	5	6
Name	Malibu	Tropic	Exotica	Flower	Wonder	Dream
Alkohol-sorte	Likör	Absinth	Rum	Cognac	Vodka	**Whisky**
Saftsorte	Traubensaft	Birnen-saft	Bananen-saft	Cranberry-saft	Apfelsaft	Erdbeersaft
Sirup-sorte	Waldmeister-sirup	Kokos-sirup	Zucker-sirup	Ahorn-sirup	Pfefferminz-sirup	Schokoladen-sirup
Frucht	Limette	Ananas	Melone	Zitrone	Physalis	Orange

3.2.35 Regisseure

Position	1	2	3	4	5	6
Regisseur	Harald	Amelie	Vincent	Fabienne	Zoey	Phil
Hauptperson	Farmiga	Aniston	Lawrence	Kunis	**Heigl**	Portman
Hauptperson	Cooper	Sandler	Depp	Gyllenhall	Adkins	DiCaprio
Beruf	Pilot	Kosmetikerin	Stuntman	Mechanikerin	Anwältin	Polizist
Genre	Thriller	Comedy	Fantasy	Drama	Horror	Biografie

3.2.36 Schimpfwörter

Wochen-tag	Montag	Dienstag	Mittwoch	Donnerstag	Freitag	Samstag
Wort	Esel	Affe	Spaten	Idiot	**Trottel**	Klops
Lehrer	O'Connor	O'Sullivan	O'Neill	O'Kelly	**O'Brien**	O'Carroll
Strafe	Essens-ausgabe	Tafeldienst	Abwasch-dienst/Haus-aufgaben	Nachsitzen	Hausauf-gaben/Ab-waschdienst	Pausen-aufsicht
Name	Owen	Oriana	Orlanda	Ole	Octavia	Oscar
Klasse	8a	9b	9a	7b	7a	8b

3.2.37 Dienste

Wochentag	Montag	Dienstag	Mittwoch	Donnerstag	Freitag
Fruehschicht	Friedrich	Ralf	Ulli	Enno	**Heidi**
Spaetschicht	Sophie	Pascal	Austin	Elke	**Tina**
Nachtschicht	Nina	Alina	Carmen	Hugo	**Tobi**
Veranstaltung	Dorffest	Autogrammstunde	Disco	Konzert	Neueröffnung
Location	Park	alte Fabrik	Stadion	Kino	Supermarkt
Themen	Pfeffer-spray	Muttizettel	Körper-kontakt	Körper-haltung	Arbeits-bekleidung

3.2.38 Reparaturen

Uhrzeit	08:00Uhr	10:00Uhr	12:00Uhr	**14:00Uhr**	16:00Uhr
KM-Stand	50000	2000	12000	250000	180000
Defekt	Handbremse	Motor	Windschutzscheibe	Batterie	Kabelbaum
Bezahlung	Bar	Überweisung	Scheck	gar nicht	EC-Karte

3.2.39 Rabatte

Position	1	2	3	4	5	6
Gerät	Notebook	Spiegel-reflexkamera	Drohne	Tablet	Soundbar	Navigations-gerät
Vorher	**1298Euro**	874Euro	533Euro	94Euro	4282Euro	349Euro
Nachher	999Euro	769Euro	288Euro	68Euro	2912Euro	129Euro
Rabatt	23%	12%	46%	28%	32%	63%

3.2.40 Wäscheleinen

Name	Klara	Konni	Kerstin	**Krista**
Leine eins	vier Socken	eine Hose	eine Schürze	drei Blusen
Leine zwei	eine Weste	Eine Bluse	zwei Socken	zwei Handtücher/ drei Hosen
Leine drei	zwei Slips	vier Hemden	zwei Jacken	zwei Handtücher/ drei Hosen
Gesamt	7	6	5	8